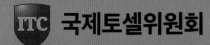
ITC 국제토셀위원회

TOSEL
심화문제집

STARTER

국제토셀위원회 공식교재
최신 기출 경향 반영 실전모의고사 수록
정답률 분석을 통한 심화문제 유형 및 만점전략 제시

CONTENTS

정답 및 해설 별책

About this book

1 **Actual Test**

토셀 최신 유형을 반영하여
실전 모의고사를 5회 실었습니다.
수험자들의 토셀 시험 대비 및
적응력 향상에 도움이 됩니다.

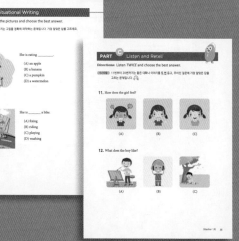

2 **Appendix**

필수 어휘를 포함해 모의고사
빈출 어휘 목록을 수록했습니다.
평소 어휘 정리뿐만 아니라
시험 직전 대비용으로 활용 가능합니다.

3 **Answer**

자세한 해설과 문제 풀이로
오답 확인 및 시험 대비를 위한 정리가 가능합니다.

4 심화문제 유형 및 만점전략

각 Actual Test에서 응시생들이
가장 많이 틀린 문제 유형을 확인하고,
이런 유형의 문제 공략법을 공부합니다.

TOSEL® Level Chart   TOSEL 단계표

COCOON

아이들이 접할 수 있는 공식 인증 시험의 첫 단계로써, 아이들의 부담을 줄이고 즐겁게 흥미를 유발할 수 있도록 컬러풀한 색상과 디자인으로 시험지를 구성하였습니다.

Pre-STARTER

친숙한 주제에 대한 단어, 짧은 대화, 짧은 문장을 사용한 기본적인 문장표현 능력을 측정합니다.

STARTER

흔히 접할 수 있는 주제와 상황과 관련된 주제에 대한 짧은 대화 및 짧은 문장을 이해하고 일상생활 대화에 참여하며 실질적인 영어 기초 의사소통 능력을 측정합니다.

BASIC

개인 정보와 일상 활동, 미래 계획, 과거의 경험에 대해 구어와 문어의 형태로 의사소통을 할 수 있는 능력을 측정합니다.

JUNIOR

일반적인 주제와 상황을 다루는 회화와 짧은 단락, 실용문, 짧은 연설 등을 이해하고 간단한 일상 대화에 참여하는 능력을 측정합니다.

HIGH JUNIOR

넓은 범위의 사회적, 학문적 주제에서 영어를 유창하고 정확하게, 효과적으로 사용할 수 있는 능력 및 중문과 복잡한 문장을 포함한 다양한 문장구조의 사용 능력을 측정합니다.

ADVANCED

대학 및 대학원에서 요구되는 영어능력과 취업 또는 직업근무환경에 필요한 실용영어 능력을 측정합니다.

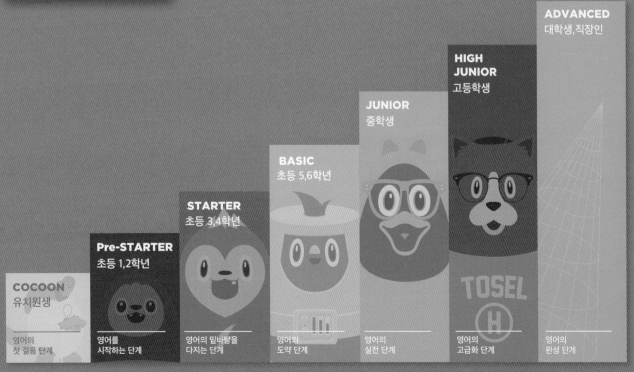

COCOON 유치원생 — 영어의 첫 걸음 단계

Pre-STARTER 초등 1,2학년 — 영어를 시작하는 단계

STARTER 초등 3,4학년 — 영어의 밑바탕을 다지는 단계

BASIC 초등 5,6학년 — 영어의 도약 단계

JUNIOR 중학생 — 영어의 실전 단계

HIGH JUNIOR 고등학생 — 영어의 고급화 단계

ADVANCED 대학생,직장인 — 영어의 완성 단계

About TOSEL®

TOSEL은 각급 학교 교과과정과 연령별 인지단계를 고려하여 단계별 난이도와 문항으로
영어 숙달 정도를 측정하는 영어 사용자 중심의 맞춤식 영어능력인증 시험제도입니다.
평가유형에 따른 개인별 장점과 단점을 파악하고, 개인별 영어학습 방향을 제시하는 성적분석자료를 제공하여
영어능력 종합검진 서비스를 제공함으로써 영어 사용자인 소비자와
영어능력 평가를 토대로 영어교육을 담당하는 교사 및 기관 인사관리자인 공급자를
모두 만족시키는 영어능력인증 평가입니다.

TOSEL은 인지적-학문적 언어 사용의 유창성 (Cognitive-Academic Language Proficiency, CALP)과
기본적-개인적 의사소통능력 (Basic Interpersonal Communication Skill, BICS)을
엄밀히 구분하여 수험자의 언어능력을 가장 친밀하게 평가하는 시험입니다.

대상

유아, 초, 중, 고등학생,
대학생 및 직장인 등 성인

목적

한국인의 영어구사능력 증진과
비영어권 국가의 영어 사용자의
영어구사능력 증진

용도

실질적인 영어구사능력 평가 +
입학전형 및 인재선발 등에 활용
및 직무역량별 인재 배치

연혁

2002.02	국제토셀위원회 창설 (수능출제위원역임 전국대학 영어전공교수진 중심)
2004.09	TOSEL 고려대학교 국제어학원 공동인증시험 실시
2006.04	EBS 한국교육방송공사 주관기관 참여
2006.05	민족사관고등학교 입학전형에 반영
2008.12	고려대학교 편입학시험 TOSEL 유형으로 대체
2009.01	서울시 공무원 근무평정에 TOSEL 점수 가산점 부여
2009.01	전국 대부분 외고, 자사고 입학전형에 TOSEL 반영
	(한영외국어고등학교, 한일고등학교, 고양외국어고등학교, 과천외국어고등학교, 김포외국어고등학교, 명지외국어고등학교, 부산국제외국어고등학교, 부일외국어 고등학교, 성남외국어고등학교, 인천외국어고등학교, 전북외국어고등학교, 대전외국어고등학교, 청주외국어고등학교, 강원외국어고등학교, 전남외국어고등학교)
2009.12	청심국제중 • 고등학교 입학전형 TOSEL 반영
2009.12	한국외국어교육학회, 팬코리아영어교육학회, 한국음성학회, 한국응용언어학회 TOSEL 인증
2010.03	고려대학교, TOSEL 출제기관 및 공동 인증기관으로 참여
2010.07	경찰청 공무원 임용 TOSEL 성적 가산점 부여
2014.04	전국 200개 초등학교 단체 응시 실시
2017.03	중앙일보 주관기관 참여
2018.11	관공서, 대기업 등 100여 개 기관에서 TOSEL 반영
2019.06	미얀마 TOSEL 도입 발족식
	베트남 TOSEL 도입 협약식
2019.11	2020학년도 고려대학교 편입학전형 반영
2020.04	국토교통부 국가자격시험 TOSEL 반영
2021.07	소방청 간부후보생 선발시험 TOSEL 반영

Evaluation —————— 평가

평가의 기본원칙

TOSEL은 PBT(Paper Based Test)를 통하여 간접평가와 직접평가를 모두 시행합니다.

TOSEL은 언어의 네 가지 요소인 **읽기, 듣기, 말하기, 쓰기 영역을 모두 평가합니다.**

문자언어
읽기능력
쓰기능력

음성언어
듣기능력
말하기능력

대한민국 대표 영어능력 인증 시험제도

TOSEL®

Reading 읽기	모든 레벨의 읽기 영역은 직접 평가 방식으로 측정합니다.
Listening 듣기	모든 레벨의 듣기 영역은 직접 평가 방식으로 측정합니다.
Writing 쓰기	모든 레벨의 쓰기 영역은 간접 평가 방식으로 측정합니다.
Speaking 말하기	모든 레벨의 말하기 영역은 간접 평가 방식으로 측정합니다.

TOSEL은 연령별 인지단계를 고려하여 **아래와 같이 7단계로 나누어 평가합니다.**

1 단계	TOSEL®	COCOON	5~7세의 미취학 아동
2 단계	TOSEL®	Pre-STARTER	초등학교 1~2학년
3 단계	TOSEL®	STARTER	초등학교 3~4학년
4 단계	TOSEL®	BASIC	초등학교 5~6학년
5 단계	TOSEL®	JUNIOR	중학생
6 단계	TOSEL®	HIGH JUNIOR	고등학생
7 단계	TOSEL®	ADVANCED	대학생 및 성인

Grade Report ——————— 성적표 및 인증서

개인 AI 정밀진단 성적표

십 수년간 전국단위 정기시험으로 축적된 빅데이터를 교육공학적으로 분석·활용하여 산출한 개인별 성적자료

정확한 영어능력진단 / 섹션별·파트별 영어능력 및 균형 진단 / 명예의 전당 등재 여부 / 온라인 최적화된 개인별 상세
성적자료를 위한 QR코드 / 응시지역, 동일학년, 전국에서의 학생의 위치

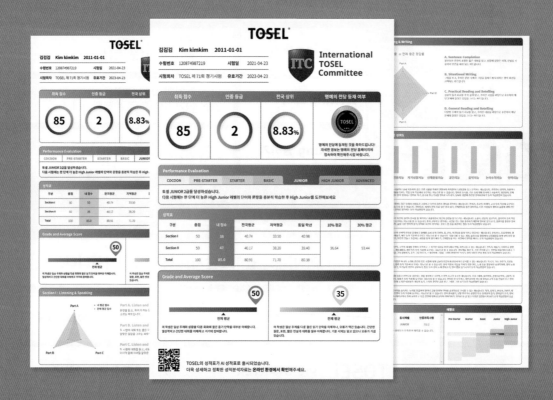

단체 및 기관 응시자 AI 통계 분석 자료

십 수년간 전국단위 정기시험으로 **축적된 빅데이터를**
교육공학적으로 분석·활용하여 산출한 응시자 통계 분석 자료

- 단체 내 레벨별 평균성적추이, LR평균 점수, 표준편차 파악
- 타 지역 내 다른 단체와의 점수 종합 비교 / 단체 내 레벨별
  학생분포 파악
- 동일 지역 내 다른 단체 레벨별 응시자의 평균 나이 비교
- 동일 지역 내 다른 단체 명예의 전당 등재 인원 수 비교
- 동일 지역 내 다른 단체 최고점자의 최고 점수 비교
- 동일 지역 내 다른 응시자들의 수 비교

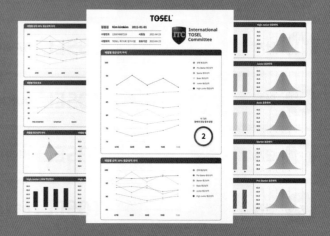

'토셀 명예의 전당' 등재

특별시, 광역시, 도 별 **1등 선발**
(7개시 9개도 **1등 선발**)

*홈페이지 로그인 – 시험결과 – 명예의 전당에서
해당자 등재 증명서 출력 가능

'학업성취기록부'에 토셀 인증등급 기재

개인별 **'학업성취기록부' 평생 발급**
진학과 취업을 대비한 **필수 스펙관리**

인증서

대한민국 초,중,고등학생의 영어숙달능력 평가 결과 공식인증

고려대학교 인증획득 (2010. 03)   팬코리아영어교육학회 인증획득 (2009. 10)   한국응용언어학회 인증획득 (2009. 11)

한국외국어교육학회 인증획득 (2009. 12)   한국음성학회 인증획득 (2009. 12)

Actual Test 1

 QR코드를 인식시키면
음원이 재생됩니다.

Section I

Listening and Speaking

Part **A** *Listen and Recognize*

5 Questions

Part **B** *Listen and Respond*

5 Questions

Part **C** *Listen and Retell*

10 Questions

Directions: Listen *TWICE* and choose the most suitable picture.

1.

(A)   (B)   (C)

2.

(A)   (B)   (C)

3.

(A)

(B)

(C)

4.

(A)

(B)

(C)

5.

(A)

(B)

(C)

Directions: Listen *TWICE* and choose the best response.

지시사항 6번부터 10번까지는 영어문장을 듣고, 들은 말에 대한 가장 알맞은 대답을 고르는 문제입니다. 영어질문과 보기는 **두 번** 들려주며 (A), (B), (C) 중에서 하나를 고르세요. B

6. Mark your answer on your answer sheet.

7. Mark your answer on your answer sheet.

8. Mark your answer on your answer sheet.

9. Mark your answer on your answer sheet.

10. Mark your answer on your answer sheet.

Directions: Listen *TWICE* and choose the best answer.

지시사항   11번부터 20번까지는 짧은 대화나 이야기를 **두 번** 듣고, 주어진 질문에 가장 알맞은 답을 고르는 문제입니다.

11. How does the girl feel?

(A)

(B)

(C)

12. What does the boy like?

(A)

(B)

(C)

13. What did the girl eat?

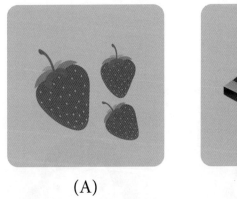

(A)　　　　　　　　　(B)　　　　　　　　　(C)

14. What day is the party?

(A)　　　　　　　　　(B)　　　　　　　　　(C)

15. What does the girl want to be?

(A)　　　　　　　　　(B)　　　　　　　　　(C)

16. Who is coming to the party?

    (A) friends

    (B) animals

    (C) grandparents

17. What color is the doll?

    (A) green

    (B) pink

    (C) red

18. What do people do at the beach?

    (A) play ball

    (B) read books

    (C) play with sand

19. What does Tom put on his cake?

    (A) cookies

    (B) cherries

    (C) chocolates

20. When does she get up?

    (A) 7 o'clock

    (B) 9 o'clock

    (C) 10 o'clock

Section II

Reading and Writing

Part **Ⓐ** *Sentence Completion*
5 Questions

Part **Ⓑ** *Situational Writing*
5 Questions

Part **Ⓒ** *Reading and Retelling*
10 Questions

PART A Sentence Completion

Directions: Read the sentences and choose the best word for each blank.

지시사항 1번에서 5번까지는 빈칸을 알맞게 채워 대화를 완성하는 문제입니다. 가장 알맞은 답을 고르세요.

1. _____ old are you?

   (A) How
   (B) What
   (C) When
   (D) Where

2. Can I use _____ phone?

   (A) me
   (B) you
   (C) your
   (D) yours

3. _____ do you do in the morning?

   (A) Are
   (B) What
   (C) Where
   (D) While

4. Grandma _____ the piano well.

   (A) play
   (B) plays
   (C) to play
   (D) playing

5. It's raining _____. Bring your umbrella.

   (A) heavy
   (B) heavily
   (C) heavier
   (D) heaviest

Directions: Look at the pictures and choose the best answer.

지시사항 6번부터 10번까지는 그림을 정확히 파악하는 문제입니다. 가장 알맞은 답을 고르세요.

6.

She is eating _____.

    (A) an apple

    (B) a banana

    (C) a pumpkin

    (D) a watermelon

7.

She is _____ a bike.

    (A) fixing

    (B) riding

    (C) playing

    (D) washing

8.

The cat is sitting _____ the roof.

    (A) on

    (B) under

    (C) beside

    (D) behind

9.

The kids are _____ TV.

    (A) singing

    (B) listening

    (C) speaking

    (D) watching

10.

He is wearing blue _____.

    (A) pants

    (B) shoes

    (C) gloves

    (D) glasses

Directions: Look at the pictures or read the paragraphs and choose the best answer.

지시사항   11번부터 20번까지는 읽기 자료와 관련된 문제입니다. 읽기 자료에 대한 질문을 읽고 가장 알맞은 답을 고르세요.

For questions 11 – 12, refer to the following picture.

11. What is this place?

(A) It is a zoo.

(B) It is a store.

(C) It is a library.

(D) It is a kitchen.

12. How many giraffes are there?

(A) 1

(B) 2

(C) 3

(D) 4

For questions 13 – 14, refer to the following information.

13. When does the party start?

    (A) 1 PM

    (B) 2 PM

    (C) 3 PM

    (D) 4 PM

14. What can you do at the party?

    (A) eat pizza

    (B) read books

    (C) play games

    (D) meet teachers

For questions 15 – 16, refer to the following menu.

15. How much is the pizza?

(A) $ 8

(B) $ 9

(C) $ 10

(D) $ 11

16. Where is Corner Cafe?

(A) next to the bus stop

(B) next to the school

(C) behind the school

(D) in front of the school

PART C

For questions 17 – 18, refer to the following passage.

My name is Ann. My grandpa and grandma are coming to my house. I love them very much. My mom is making an apple pie. My grandpa likes it very much. I am so happy to see them.

17. Who is coming to Ann's house?

(A) Ann's teacher

(B) Ann's friends

(C) Ann's parents

(D) Ann's grandparents

18. What does her grandpa like?

(A) cake

(B) apple pie

(C) vegetables

(D) orange juice

For questions 19 – 20, refer to the following passage.

It's snowing now. My friends and I make a snowman. We make his eyes with little stones. We make a mouth with a stick. I put my yellow hat on the snowman. He looks funny.

19. How is the weather now?

(A) hot

(B) rainy

(C) sunny

(D) snowy

20. What are they making?

(A) a ball

(B) a boat

(C) a monkey

(D) a snowman

심화문제 유형 및 만점 전략

① 짚고 넘어가기

"문항을 정확하게 이해했는지 스스로 점검하세요."

정답에 실마리가 되는 핵심 어휘와 표현 및 문장 구조, 정답을 도출해내는 데 결정적 증거가 되는 내용과 논리 등을 제대로 파악했는지 질문을 통하여 능동적으로 확인하도록 합니다.

② 왜 틀렸을까?

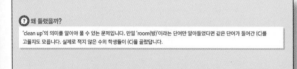

"오답 원리를 확실하게 파악하세요."

실제 정답률 분석을 통하여 다수의 수험자가 오답을 고르게 된 핵심 원인을 설명하고, 이에 따른 올바른 문제 접근 방식을 제공합니다. 수험자들은 오답 원리를 공부하며 자신의 문제 풀이를 점검하고 더욱더 수준 높은 문제 접근 원리를 터득합니다.

③ 이렇게 공부하세요!

> **!** 이렇게 공부하세요!
>
> 일상생활과 관련된 단어와 숙어를 숙지합니다.

"영어 학습 방향을 똑바로 잡으세요."

문항과 관련하여 좀 더 고차원적이고 심도 있는 영어 학습 방향을 제시합니다.

④ 알짜 노트

"추가 정보와 함께 심화 학습을 완성하세요."

문항과 관련하여 별도의 학습 내용을 제공합니다.

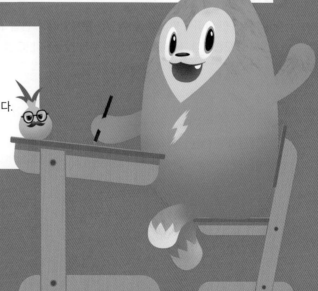

10. W: Clean up your room!

B: _____

(A) Okay, I will.
(B) No, it's small.
(C) Yes, it's my room.

✔ 짚고 넘어가기

✔❶ 'clean up'이 '~을 치우다, 청소하다'라는 의미인 **것을** 파악했나요?

✔❷ 여자가 소년에게 명령하고 있다는 것을 파악했나요?

❓ 왜 틀렸을까?

'clean up'의 의미를 알아야 풀 수 있는 문제입니다. 만일 'room (방)'이라는 단어만 알아들었다면 같은 단어가 들어간 (C)를 고를지도 모릅니다. 실제로 적지 않은 수의 학생들이 (C)를 골랐답니다.

❗ 이렇게 공부하세요!

일상생활과 관련된 단어와 숙어를 숙지합니다.

G: Today, my friends and I have a cooking class. We make cakes. I put chocolate on my cake. My friend, Tom puts cherries on his cake. It is so fun.

정답률 74.82%

19. What does Tom put on his cake?

(A) cookies

(B) cherries

(C) chocolates

 짚고 넘어가기

✔① 소녀와 소녀의 친구 'Tom'이 케이크에 올리는 것들이 무엇인지 각각 구분했나요?

❓ 왜 틀렸을까?

질문에서 소녀가 아니라 소녀의 친구인 'Tom'이 케이크에 무엇을 올렸는지 물어보고 있습니다. 소녀와 소녀의 친구가 각각 케이크에 올리는 것이 무엇인지 구분하지 않고 들었다면, 소녀가 케이크에 올린다고 말한 (C)를 고를지도 모릅니다. 실제로 적지 않은 수의 학생들이 (C)를 골랐답니다.

❗ 이렇게 공부하세요!

대화에서 두 명의 인물이 나온다면, 각각의 인물들이 하는 행동을 구분하며 듣도록 노력합니다.

2. Can I use _____ phone?

(A) me

(B) you

(C) your

(D) yours

 짚고 넘어가기

✔❶ 명사 'phone'을 수식해 줄 수 있는 인칭대명사의 형태를 알았나요?

? 왜 틀렸을까?

'phone'을 수식할 수 있는 소유격 인칭대명사인 'your'을 몰랐다면 답을 고르기 어려웠을 것입니다.

! 이렇게 공부하세요!

인칭대명사의 형태를 숙지합시다.

인칭	수/성		인칭대명사		소유대명사
		주격	소유격	목적격	
1인칭	단수	I	my	me	mine
	복수	we	our	us	ours
2인칭	단수	you	your	you	yours
	복수				
3인칭	단수 남성	he	his	him	his
	단수 여성	she	her	her	hers
	단수 중성	it	its	it	-
	복수	they	their	them	theirs

정답률 79.45%

7.

She is _____ a bike.

(A) fixing

(B) riding

(C) playing

(D) washing

✔ 짚고 넘어가기

✔❶ 'ride a bike'가 '자전거를 타다'라는 의미인 것을 파악했나요?

? 왜 틀렸을까?

'자전거를 타다'라는 표현은 'ride a bike'입니다. 만약 이 표현을 모르면, 운동을 할 때 'play tennis', 'play soccer'처럼 'play'를 많이 사용하므로 자전거 타기도 그렇다고 생각하여 (C)를 고를지도 모릅니다. 실제로 적지 않은 수의 학생들이 (C)를 골랐답니다.

! 이렇게 공부하세요!

특정한 어구를 미리 숙지합니다.

Actual Test ②

QR코드를 인식시키면
음원이 재생됩니다.

Listening and Speaking

Part **A** *Listen and Recognize*

5 Questions

Part **B** *Listen and Respond*

5 Questions

Part **C** *Listen and Retell*

10 Questions

Directions: Listen *TWICE* and choose the most suitable picture.

지시사항 1번에서 5번까지는 영어문장을 듣고, 들은 내용과 가장 관련 있는 그림을 고르는 문제입니다. 영어문장은 **두 번** 들려줍니다. 🎧A

1.

(A) (B) (C)

2.

(A) (B) (C)

3.

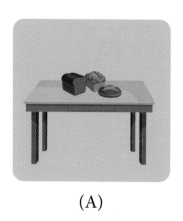
(A)

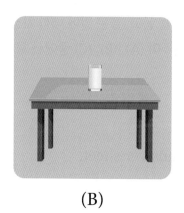
(B)

(C)

4.

(A)

(B)

(C)

5.

(A)

(B)

(C)

Directions: Listen *TWICE* and choose the best response.

지시사항 6번부터 10번까지는 영어문장을 듣고, 들은 말에 대한 가장 알맞은 대답을 고르는 문제입니다.
영어질문과 보기는 **두 번** 들려주며 (A), (B), (C) 중에서 하나를 고르세요. B

6. Mark your answer on your answer sheet.

7. Mark your answer on your answer sheet.

8. Mark your answer on your answer sheet.

9. Mark your answer on your answer sheet.

10. Mark your answer on your answer sheet.

Directions: Listen *TWICE* and choose the best answer.

지시사항 11번부터 20번까지는 짧은 대화나 이야기를 **두 번** 듣고, 주어진 질문에 가장 알맞은 답을 고르는 문제입니다.

11. How old is the girl's brother?

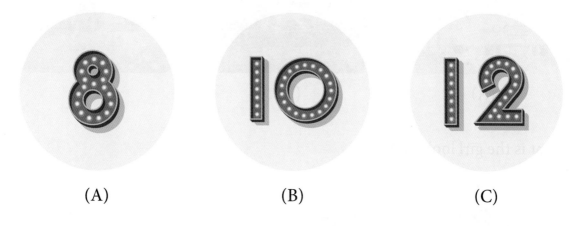

(A)   (B)   (C)

12. What does the girl do on Saturdays?

(A)   (B)   (C)

13. How does the girl go to school?

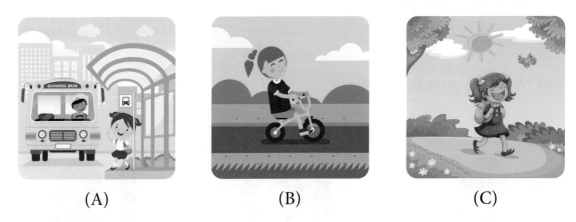

(A)　　　　　　(B)　　　　　　(C)

14. What is the girl looking for?

15. Who is "Kitty"?

(A)　　　　　　(B)　　　　　　(C)

16. What season does the boy like?

(A) spring

(B) summer

(C) winter

17. What will the girl get Anna for her birthday?

(A) a pink dress

(B) a pink bear

(C) a pink notebook

18. What is the boy talking about?

(A) the park

(B) a store

(C) the library

19. Which class do the students have on Tuesday?

(A) music

(B) today

(C) morning

20. What kind of movies does Jim's sister like?

(A) family

(B) animal

(C) cartoons

Section II

Reading and Writing

Part **A** *Sentence Completion*
5 Questions

Part **B** *Situational Writing*
5 Questions

Part **C** *Reading and Retelling*
10 Questions

PART Ⓐ Sentence Completion

Directions: Read the sentences and choose the best word for each blank.

지시사항 1번에서 5번까지는 빈칸을 알맞게 채워 대화를 완성하는 문제입니다. 가장 알맞은 답을 고르세요.

1. How are _____?

(A) I
(B) my
(C) you
(D) your

4. I _____ ten years old.

(A) is
(B) be
(C) am
(D) are

2. _____ you like oranges?

(A) Does
(B) Do
(C) Are
(D) Is

5. I get _____ at six every day.

(A) in
(B) on
(C) up
(D) to

3. _____ you speak English?

(A) Be
(B) Are
(C) Can
(D) Being

Directions: Look at the pictures and choose the best answer.

지시사항 6번부터 10번까지는 그림을 정확히 파악하는 문제입니다. 가장 알맞은 답을 고르세요.

6.

The boy is _____ his toys.

    (A) eating

    (B) cleaning

    (C) coloring

    (D) climbing

7.

A man is riding a _____.

    (A) car

    (B) dog

    (C) horse

    (D) dragon

8.

The boy is _____ on the computer.

    (A) sitting

    (B) putting

    (C) walking

    (D) working

9.

It is _____ outside.

    (A) hot

    (B) cold

    (C) warm

    (D) rainy

10.

The girl wears _____.

    (A) white socks

    (B) yellow shoes

    (C) a purple shirt

    (D) a yellow shirt

Directions: Look at the pictures or read the paragraphs and choose the best answer.

지시사항 11번부터 20번까지는 읽기 자료와 관련된 문제입니다. 읽기 자료에 대한 질문을 읽고 가장 알맞은 답을 고르세요.

For questions 11 – 12, refer to the following picture.

11. How many students are in the picture?

(A) 2

(B) 3

(C) 4

(D) 5

12. What is the teacher looking at?

(A) a pen

(B) a book

(C) a globe

(D) a board

For questions 13 – 14, refer to the following table.

My Family Birthdays

Me	Mom	Dad	Grandpa	Grandma	Sister
September 5	November 17	April 10	August 25	January 9	December 12

13. Who was born in January?

(A) Mom

(B) Dad

(C) Sister

(D) Grandma

14. When is "my" birthday?

(A) April 10

(B) August 25

(C) September 5

(D) December 12

For questions 15 – 16, refer to the following information.

15. What day is the party?

(A) August

(B) Sunday

(C) birthday

(D) Saturday

16. What kind of party is it?

(A) kids' party

(B) Easter party

(C) Christmas party

(D) Halloween party

For questions 17 – 18, refer to the following passage.

My name is Jill. Today is a special day. I have a soccer game. My team is all wearing red uniforms. My family is coming to the game, too. They will watch the game. I am very excited.

17. Where is Jill going today?

(A) to a school

(B) to a party

(C) to family dinner

(D) to a soccer game

18. What color is Jill's uniform?

(A) red

(B) blue

(C) white

(D) green

For questions 19 – 20, refer to the following passage.

> My mom likes roses. She likes pink and white roses. My dad buys her roses on Mom's birthday. He gives her 5 pink roses and 5 white roses. She has a big smile on her face. She looks very happy.

19. What flower does Mom like?

  (A) roses

  (B) lilies

  (C) daisies

  (D) sunflowers

20. How many pink roses does Dad buy?

  (A) 5

  (B) 15

  (C) 25

  (D) 35

심화문제 유형 및 만점 전략 ②

① 짚고 넘어가기

"문항을 정확하게 이해했는지 스스로 점검하세요."

정답에 실마리가 되는 핵심 어휘와 표현 및 문장 구조, 정답을
도출해내는 데 결정적 증거가 되는 내용과 논리 등을 제대로
파악했는지 질문을 통하여 능동적으로 확인하도록 합니다.

② 왜 틀렸을까?

"오답 원리를 확실하게 파악하세요."

실제 정답률 분석을 통하여 다수의 수험자가 오답을 고르게 된
핵심 원인을 설명하고, 이에 따른 올바른 문제 접근 방식을
제공합니다. 수험자들은 오답 원리를 공부하며 자신의 문제
풀이를 점검하고 더욱더 수준 높은 문제 접근 원리를 터득합니다.

③ 이렇게 공부하세요!

"영어 학습 방향을 똑바로 잡으세요."

문항과 관련하여 좀 더 고차원적이고 심도 있는
영어 학습 방향을 제시합니다.

④ 알짜 노트

"추가 정보와 함께 심화 학습을 완성하세요."

문항과 관련하여 별도의 학습 내용을 제공합니다.

G: Where is my music book?

B: I saw it in your bag.

정답률 70.46%

14. What is the girl looking for?

(A) (B) (C)

✅ 짚고 넘어가기

✔❶ 소녀가 위치를 묻고 있는 물건이 무엇인지 파악했나요?

✔❷ 'look for'가 '~을 찾다'라는 의미인 것을 파악했나요?

❓ 왜 틀렸을까?

소녀가 음악책이 어딨는지 묻자 소년이 소녀의 가방에서 봤다고 대답합니다. 문제에서 물어보는 질문은 소녀가 무엇을 찾고 있는가입니다. 질문을 제대로 파악하지 못했다면 소녀의 음악책이 있다고 한 장소인 (A)를 골랐을지도 모릅니다.

❗ 이렇게 공부하세요!

질문을 정확히 파악하는 연습을 하세요.

B: My name is Jim. I go to see the movies on Saturdays. I go there with my family. I like movies that have lots of animals. My sister likes cartoons.

정답률 77.79%

20. What kind of movies does Jim's sister like?

(A) family

(B) animal

(C) cartoons

✓❶ 짚고 넘어가기

✓❶ 소년이 좋아하는 영화와 소년의 여동생이 좋아하는
영화를 구분하며 들었나요?

? 왜 틀렸을까?

소년이 좋아하는 영화와 소년의 여동생이 좋아하는 영화의 종류를 구분하지 않고 들었다면 (B)를 골랐을지도 모릅니다.

! 이렇게 공부하세요!

대화에서 두 명의 인물이 나온다면, 각각의 인물이 좋아하는 것은 무엇인지 구분하며 듣도록 노력합니다.

5. I get _____ at six every day.
✔①

(A) in

(B) on

(C) up ✔①

(D) to

 짚고 넘어가기

✔① 'get up'이 '일어나다'라는 의미인 것을 파악했나요?

? 왜 틀렸을까?

'get up'이라는 숙어 표현을 모르면 답을 고르기 어려웠을 것입니다.

! 이렇게 공부하세요!

자주 쓰이는 영어 숙어 표현을 숙지합니다.

정답률 47.72%

8.

The boy is _____ on the computer.

(A) sitting
(B) putting
(C) walking
(D) working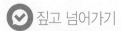

✅ 짚고 넘어가기

✔❶ 소년이 컴퓨터를 가지고 무엇을 하고 있는지 파악했나요?
✔❷ 'work'가 '일'뿐만 아니라 '작업하다'라는 뜻을 가진 동사인
　　것을 알았나요?

❓ 왜 틀렸을까?

'work'가 '일을 하다, 작업하다'라는 뜻의 동사로도 쓰인다는 것을 몰랐다면 답을 고르기 어려웠을 것입니다.

❗ 이렇게 공부하세요!

여러가지 품사로 사용될 수 있는 단어를 숙지합니다.

Actual Test ③

QR코드를 인식시키면
음원이 재생됩니다.

Listening and Speaking

Part **A** *Listen and Recognize*
5 Questions

Part **B** *Listen and Respond*
5 Questions

Part **C** *Listen and Retell*
10 Questions

Directions: Listen *TWICE* and choose the most suitable picture.

1.

   (A)   (B)   (C)

2.

   (A)   (B)   (C)

3.

(A)   (B)   (C)

4.

(A)   (B)   (C)

5.

(A)   (B)   (C)

Directions: Listen *TWICE* and choose the best response.

지시사항 ▶ 6번부터 10번까지는 영어문장을 듣고, 들은 말에 대한 가장 알맞은 대답을 고르는 문제입니다. 영어질문과 보기는 **두 번** 들려주며 (A), (B), (C) 중에서 하나를 고르세요. 🎧 B

6. Mark your answer on your answer sheet.

7. Mark your answer on your answer sheet.

8. Mark your answer on your answer sheet.

9. Mark your answer on your answer sheet.

10. Mark your answer on your answer sheet.

PART C Listen and Retell

Directions: Listen *TWICE* and choose the best answer.

지시사항 11번부터 20번까지는 짧은 대화나 이야기를 **두 번** 듣고, 주어진 질문에 가장 알맞은 답을 고르는 문제입니다. 🎧

11. What are they looking at?

(A)

(B)

(C)

12. Where are they going tonight?

(A)

(B)

(C)

13. What does the girl do on Saturdays?

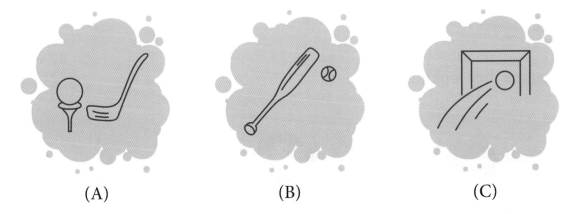

(A) (B) (C)

14. What time is it now?

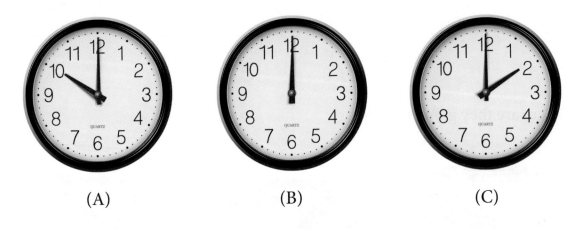

(A) (B) (C)

15. What color is the boy's bag?

(A) (B) (C)

16. What color is boy's raincoat?

(A) red

(B) blue

(C) yellow

17. How old is Fred?

(A) 5

(B) 8

(C) 12

18. Where does the boy's dad work?

(A) at home

(B) at school

(C) at a restaurant

19. Which event does the school have today?

(A) Book Sale

(B) Sports Day

(C) Graduation

20. What kind of animal is Polly?

(A) a dog

(B) a parrot

(C) a hamster

Section II

Reading and Writing

Part **A** *Sentence Completion*
5 Questions

Part **B** *Situational Writing*
5 Questions

Part **C** *Reading and Retelling*
10 Questions

PART Ⓐ Sentence Completion

Directions: Read the sentences and choose the best word for each blank.

지시사항 1번에서 5번까지는 빈칸을 알맞게 채워 대화를 완성하는 문제입니다. 가장 알맞은 답을 고르세요.

1. _____ are you?

   (A) How
   (B) Why
   (C) When
   (D) Which

2. _____ time is it?

   (A) How
   (B) Who
   (C) When
   (D) What

3. This book is _____.

   (A) I
   (B) my
   (C) me
   (D) mine

4. Can you _____ the door?

   (A) close
   (B) closes
   (C) closer
   (D) closest

5. I _____ two brothers.

   (A) is
   (B) am
   (C) has
   (D) have

Directions: Look at the pictures and choose the best answer.

6.

The cat is _____ the pillow.

(A) standing on

(B) standing up

(C) sleeping on

(D) sleeping up

7.

Jenny is _____ about food.

(A) eating

(B) looking

(C) leaving

(D) thinking

8.

The boy is _____ the window.

    (A) giving

    (B) closing

    (C) opening

    (D) cleaning

9.

The boy _____ the light.

    (A) gets off

    (B) puts off

    (C) turns off

    (D) pushes off

10.

The girl has _____.

    (A) short hair

    (B) black hair

    (C) curly hair

    (D) straight hair

Directions: Look at the pictures or read the paragraphs and choose the best answer.

지시사항 11번부터 20번까지는 읽기 자료와 관련된 문제입니다. 읽기 자료에 대한 질문을 읽고 가장 알맞은 답을 고르세요.

For questions 11 – 12, refer to the following picture.

11. What place is this picture?

　(A) a road

　(B) a library

　(C) a coffee shop

　(D) a supermarket

12. How many students are waiting in line?

　(A) 1

　(B) 3

　(C) 4

　(D) 8

For questions 13 – 14, refer to the following schedule.

Julie's Schedule	10:00AM	Draw pictures
7:00AM — Brush teeth	2:00PM	_____
8:00AM — Eat breakfast	3:00PM	Play with dolls
9:00AM — Read books	9:00PM	Go to bed

13. What time does Julie go to bed?

(A) 8:00 AM

(B) 9:00 AM

(C) 3:00 PM

(D) 9:00 PM

14. What does Julie do at 2:00 PM?

(A) play tennis

(B) go to school

(C) play with a cat

(D) go to the market

For questions 15 – 16, refer to the following information.

Happy Birthday

You are invited to Jack's 10th birthday.
Sunday, June 25th 6PM

15. How old is Jack?

    (A) 4

    (B) 8

    (C) 10

    (D) 12

16. When is the party?

    (A) in July

    (B) on the 25th

    (C) at ten PM

    (D) on Saturday

For questions 17 – 18, refer to the following passage.

I do not feel very good today. My ear really hurts, and my nose is red. I also have a fever. I go to see a doctor. The doctor says I have a cold. I should take some medicine and stay in bed all day. I cannot play outside.

17. How does the writer feel?

    (A) sick

    (B) good

    (C) happy

    (D) excited

18. What did the doctor NOT say to the writer?

    (A) He/She has a cold.

    (B) He/She has to stay in bed all day.

    (C) He/She has to take some medicine.

    (D) He/She should play outside all day.

For questions 19 – 20, refer to the following passage.

My name is Alice. My mom makes delicious cupcakes. She makes vanilla cupcakes, chocolate cupcakes, peanut cupcakes, cheese cupcakes, and banana cupcakes. They are all very tasty. I like chocolate cupcakes the most. My sister loves banana cupcakes. I get very excited when my mom bakes cupcakes.

19. What cupcakes does Alice's sister like the most?

(A) peanut cupcakes

(B) cheese cupcakes

(C) banana cupcakes

(D) chocolate cupcakes

20. Who makes the cupcakes?

(A) Alice

(B) her mom

(C) her sister

(D) everybody

심화문제 유형 및 만점 전략 ③

① 짚고 넘어가기

"문항을 정확하게 이해했는지 스스로 점검하세요."

정답에 실마리가 되는 핵심 어휘와 표현 및 문장 구조, 정답을 도출해내는 데 결정적 증거가 되는 내용과 논리 등을 제대로 파악했는지 질문을 통하여 능동적으로 확인하도록 합니다.

② 왜 틀렸을까?

"오답 원리를 확실하게 파악하세요."

실제 정답률 분석을 통하여 다수의 수험자가 오답을 고르게 된 핵심 원인을 설명하고, 이에 따른 올바른 문제 접근 방식을 제공합니다. 수험자들은 오답 원리를 공부하며 자신의 문제 풀이를 점검하고 더욱더 수준 높은 문제 접근 원리를 터득합니다.

③ 이렇게 공부하세요!

"영어 학습 방향을 똑바로 잡으세요."

문항과 관련하여 좀 더 고차원적이고 심도 있는 영어 학습 방향을 제시합니다.

④ 알짜 노트

"추가 정보와 함께 심화 학습을 완성하세요."

문항과 관련하여 별도의 학습 내용을 제공합니다.

G: It's Saturday, March 1st.

정답률 48.06%

3.

(A)

(B)

(C)

짚고 넘어가기

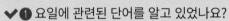 ❶ 요일에 관련된 단어를 알고 있었나요?
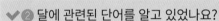 ❷ 달에 관련된 단어를 알고 있었나요?

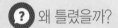 왜 틀렸을까?

요일에 관련된 단어를 몰랐거나, 'Saturday'와 'Sunday'를 헷갈렸다면 답을 고르기 어려웠을 것입니다. 또는 달에 관련된 단어를 몰랐거나, 'March'와 'May'를 헷갈렸다면 답을 고르기 어려웠을 것입니다.

❗ 이렇게 공부하세요!

날짜를 표현하는 방식(요일, 달, 년도 등)과 관련된 표현들을 숙지합니다.

정답률 25.43%

10. W: Please clean your room.

B: _____

(A) Just a minute.

(B) Okay, you are.

(C) I'm not sure.

 짚고 넘어가기

✔❶ 여자가 무언가를 부탁하고 있다는 것을 파악했나요?

❓ 왜 틀렸을까?

여자가 방청소를 하라고 부탁하고 있습니다. 만약 'Okay'만 본다면 여자의 부탁에 대한 대답이라고 생각하고 (B)를 답으로 고를 수도 있습니다. 그러나 (B)가 맞는 답이 되기 위해서는 'Okay, I will.'과 같은 표현으로 나와야 합니다. 따라서 여자가 방청소를 부탁한 것에 대해 '잠깐만요'라고 대답하는 (A)가 답입니다.

❗ 이렇게 공부하세요!

선지를 꼼꼼히 읽는 습관을 들입니다.

9.

The boy _____ the light.

(A) gets off

(B) puts off

(C) turns off

(D) pushes off

✅ 짚고 넘어가기

✔❶ 'turn off'가 '(전기, 가스, 수도 등을) 끄다'라는 의미인 것을 파악했나요?

❓ 왜 틀렸을까?

'turn off'가 '(전기, 가스, 수도 등을) 끄다'라는 의미인 것을 몰랐다면 답을 고르기 어려웠을 것입니다.

❗ 이렇게 공부하세요!

전치사와 같이 쓰여 뜻이 달라지는 숙어를 숙지합니다.

💬 알짜 노트

- get off : 떠나다
  Let's get off at the next stop!
  (다음 역에서 내리자!)
- put off : 미루다, 연기하다
  It's raining outside. We need to put off our match.
  (밖에 비가 내려. 우리는 경기를 미뤄야 해.)
- take off : [옷 등을] 벗다; 이륙하다
  Darlene took off her coat.
  (Darlene은 외투를 벗었다.)
- turn off : 끄다
  Please turn off the TV!
  (TV 좀 끄렴!)

I do not feel very good today. My ear really hurts, and my nose is red. I also have a fever. I go to see a doctor. The doctor says I have a cold. I should take some medicine and stay in bed all day. I cannot play outside.

정답률 56.12%

18. What did the doctor 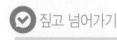 NOT say to the writer?

(A) He/She has a cold.
(B) He/She has to stay in bed all day.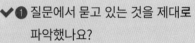
(C) He/She has to take some medicine.
(D) He/She should play outside all day.

✔ 짚고 넘어가기

✔❶ 질문에서 묻고 있는 것을 제대로 파악했나요?
✔❷ 'should'와 'have to'의 쓰임새와 의미를 알았나요?

? 왜 틀렸을까?

질문에서 의사가 글쓴이에게 말하지 않은 내용이 무엇인지 물어보고 있습니다. 만약 질문에서 묻고 있는 것을 제대로 파악하지 않았다면 의사가 글쓴이에게 한 말을 고를 수도 있습니다.

! 이렇게 공부하세요!

질문에서 묻고 있는 내용을 정확히 파악해서 답을 찾는 습관을 들입니다.

Actual Test 4

QR코드를 인식시키면
음원이 재생됩니다.

Section I

Listening and Speaking

Part **A** *Listen and Recognize*

5 Questions

Part **B** *Listen and Respond*

5 Questions

Part **C** *Listen and Retell*

10 Questions

Directions: Listen *TWICE* and choose the most suitable picture.

지시사항 1번에서 5번까지는 영어문장을 듣고, 들은 내용과 가장 관련 있는 그림을 고르는 문제입니다. 영어문장은 **두 번** 들려줍니다.

1.

(A)　　　　　　　　　　(B)　　　　　　　　　　(C)

2.

(A)　　　　　　　　　　(B)　　　　　　　　　　(C)

3.

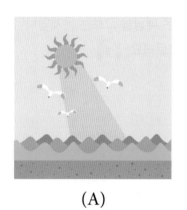

(A)

(B)

(C)

4.

(A)

(B)

(C)

5.

(A)

(B)

(C)

Directions: Listen *TWICE* and choose the best response.

지시사항 6번부터 10번까지는 영어문장을 듣고, 들은 말에 대한 가장 알맞은 대답을 고르는 문제입니다. 영어질문과 보기는 **두 번** 들려주며 (A), (B), (C) 중에서 하나를 고르세요. 🎧

6. Mark your answer on your answer sheet.

7. Mark your answer on your answer sheet.

8. Mark your answer on your answer sheet.

9. Mark your answer on your answer sheet.

10. Mark your answer on your answer sheet.

PART C   Listen and Retell

Directions: Listen *TWICE* and choose the best answer.

지시사항 11번부터 20번까지는 짧은 대화나 이야기를 **두 번** 듣고, 주어진 질문에 가장 알맞은 답을 고르는 문제입니다.

11. What are they looking at?

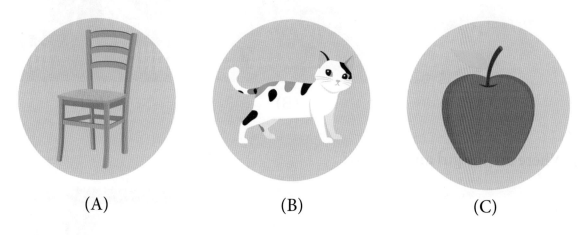

(A)   (B)   (C)

12. What day is it today?

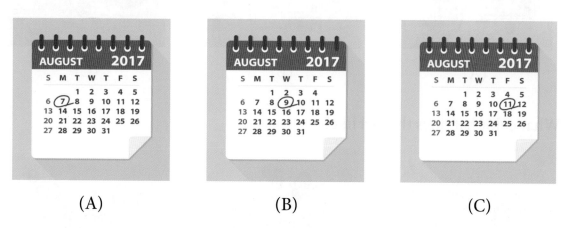

(A)   (B)   (C)

13. Where is the girl going on Sunday?

(A)

(B)

(C)

14. Where are the girl and the boy?

(A)

(B)

(C)

15. What color hat does the girl like?

(A)

(B)

(C)

16. Whose birthday is it?

(A) Mom

(B) Dad

(C) Elly

17. What season is the girl probably talking about?

(A) fall

(B) summer

(C) winter

18. Which pizza does the boy like the best?

(A) ham pizza

(B) cheese pizza

(C) vegetable pizza

19. Where does the girl's English teacher come from?

(A) Canada

(B) England

(C) America

20. When does the boy get up in the morning?

(A) at 7 o'clock

(B) at 8 o'clock

(C) at 10 o'clock

Section II

Reading and Writing

Part **A** *Sentence Completion*

5 Questions

Part **B** *Situational Writing*

5 Questions

Part **C** *Reading and Retelling*

10 Questions

PART A   Sentence Completion

Directions: Read the sentences and choose the best word for each blank.

지시사항 1번에서 5번까지는 빈칸을 알맞게 채워 대화를 완성하는 문제입니다. 가장 알맞은 답을 고르세요.

1. _____ are you going?

(A) To

(B) Who

(C) What

(D) Where

4. Is _____ your book?

(A) this

(B) them

(C) those

(D) these

2. _____ you like apples?

(A) Is

(B) Am

(C) Do

(D) Does

5. The book is ____ the bag.

(A) at

(B) to

(C) in

(D) next

3. I can play the piano very _____.

(A) well

(B) best

(C) good

(D) better

Directions: Look at the pictures and choose the best answer.

지시사항 6번부터 10번까지는 그림을 정확히 파악하는 문제입니다. 가장 알맞은 답을 고르세요.

6.

The girl is eating _____.

(A) an apple

(B) an orange

(C) a banana

(D) a watermelon

7.

James is _____ a ball.

(A) eating

(B) running

(C) kicking

(D) swimming

8.

It is a _____.

    (A) circle

    (B) square

    (C) triangle

    (D) diamond

9.

Three _____ are in the sea.

    (A) fish

    (B) pigs

    (C) cows

    (D) water

10.

My mother is a/an _____.

    (A) artist

    (B) doctor

    (C) farmer

    (D) musician

Directions: Look at the pictures or read the paragraphs and choose the best answer.

For questions 11 – 12, refer to the following picture.

11. Where are they?

  (A) on a road

  (B) in a library

  (C) in a coffee shop

  (D) in a supermarket

12. How many people are standing up?

  (A) 2

  (B) 3

  (C) 4

  (D) 5

For questions 13 – 14, refer to the following information.

13. In the house, what should Marie do?

(A) wash the dishes

(B) eat broccoli

(C) play with pets

(D) fight with her sister

14. In the house, what is the Rule 5?

(A) watch TV

(B) sing aloud

(C) play tennis

(D) do your homework

For questions 15 – 16, refer to the following graph.

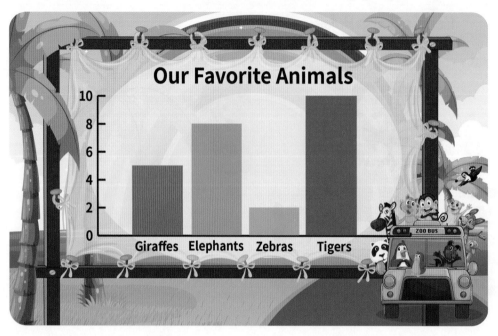

15. What is the most popular animal?

    (A) giraffes

    (B) elephants

    (C) zebras

    (D) tigers

16. How many people like zebras?

    (A) 2

    (B) 5

    (C) 8

    (D) 10

For questions 17 – 18, refer to the following passage.

> It's rainy today. My brother and I can't go riding bikes in the park. But we can have fun in our house. We make many shapes of pancakes and put honey on them. We eat sweet and delicious pancakes with Mom and Dad.

17. How is the weather now?

    (A) hot

    (B) rainy

    (C) sunny

    (D) snowy

18. What are they doing in the house?

    (A) riding bikes

    (B) counting shapes

    (C) making pancakes

    (D) making snowmen

For questions 19 – 20, refer to the following passage.

My name is Anne. My birthday is in May. In May, there are many colors of flowers in the garden. There are white, yellow, red, and purple flowers. I love May because it is very beautiful outside.

19. What month is Anne's birthday?

(A) March

(B) April

(C) May

(D) August

20. Which color flower is NOT in the garden?

(A) red

(B) yellow

(C) orange

(D) purple

심화문제 유형 및 만점 전략 **4**

1 짚고 넘어가기

"문항을 정확하게 이해했는지 스스로 점검하세요."

정답에 실마리가 되는 핵심 어휘와 표현 및 문장 구조, 정답을 도출해내는 데 결정적 증거가 되는 내용과 논리 등을 제대로 파악했는지 질문을 통하여 능동적으로 확인하도록 합니다.

2 왜 틀렸을까?

"오답 원리를 확실하게 파악하세요."

실제 정답률 분석을 통하여 다수의 수험자가 오답을 고르게 된 핵심 원인을 설명하고, 이에 따른 올바른 문제 접근 방식을 제공합니다. 수험자들은 오답 원리를 공부하며 자신의 문제 풀이를 점검하고 더욱더 수준 높은 문제 접근 원리를 터득합니다.

3 이렇게 공부하세요!

"영어 학습 방향을 똑바로 잡으세요."

문항과 관련하여 좀 더 고차원적이고 심도 있는 영어 학습 방향을 제시합니다.

4 알짜 노트

"추가 정보와 함께 심화 학습을 완성하세요."

문항과 관련하여 별도의 학습 내용을 제공합니다.

7. B: I can't find my glasses.

G: _____

(A) Yes, they are new.

(B) The window is open.

(C) They're on the table.

✓ 짚고 넘어가기

✓① 소년의 말에 담겨진 의미를 파악했나요?

? 왜 틀렸을까?

소년이 안경을 찾을 수 없다고 말하고 있습니다. 이는 소년의 안경이 어디있는지 안다면 위치를 말해달라는 의미를 내포할 수 있습니다. 이를 파악하지 못했다면 답을 고르기 어려웠을 것입니다.

! 이렇게 공부하세요!

대화 속에 내포될 수 있는 의미를 파악하고 그에 알맞은 대답을 찾는 연습을 하세요.

정답률 72.98%

9. B: Can I speak to Sam? ✔❶

G: _____

(A) Sure, you can.

(B) Thank you so much.

(C) It's great to see you.

✅ 짚고 넘어가기

✔❶ 'can'을 사용한 의문문이 허락의 여부를 물어볼 때 쓰이는 것을 알고 있었나요?

❓ 왜 틀렸을까?

can 의문문의 문답 형식을 몰랐다면 답을 고르기 어려웠을 것입니다.

❗ 이렇게 공부하세요!

조동사 의문문, 일반동사 의문문, be 동사 의문문의 문답 형식을 숙지합니다.

12. How many people are standing up?

    (A) 2

    (B) 3

    (C) 4

    (D) 5

☑ 짚고 넘어가기

✔❶ 'How many ~?'가 '얼마나 많은 ~?'이라는 의미인 것을 파악했나요?

✔❷ 'stand up'이 '서 있다'라는 의미인 것을 파악했나요?

❓ 왜 틀렸을까?

'stand up'이 '서 있다'라는 의미인 것을 몰랐다면 사람이 몇 명 있는지 묻는 것으로 오해하여 (D)를 고를지도 모릅니다.

❗ 이렇게 공부하세요!

여러가지 숙어 표현들을 숙지합니다.

Marie's House Rules

1. Wash your hands   2. No fighting   3. Eat your vegetables

4. Clean your room   5. _____

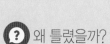
정답률 47.85%

13. In the house, what should Marie do?

(A) wash the dishes

(B) eat broccoli

(C) play with pets

(D) fight with her sister

☑ 짚고 넘어가기

❶ 'should'의 쓰임새와 뜻을 알았나요?

❷ 'wash the dishes'의 뜻을 알았나요?

❸ 'broccoli'가 채소의 한 종류임을 알았나요?

? 왜 틀렸을까?

단순히 주어진 정보와 똑같은 내용을 고르는 것이 아니라 한 번 더 생각해야 하는 문제로 쉽지 않은 문항이었습니다. 정답은 (B) 'eat broccoli' (브로콜리를 먹는다)였습니다. 그런데 브로콜리란 말은 지문에 나온 적도 없는데 어떻게 정답이 될까요? 브로콜리는 바로 채소의 한 종류입니다. 따라서 'Eat your vegetables.'라는 말에는 'Eat your broccoli.'라는 문장이 포함될 수 있겠지요. 이런 사고 과정을 거치지 않은 학생들이 오답을 골랐습니다.

! 이렇게 공부하세요!

읽기를 잘 하려면 평소에 주어진 내용을 바탕으로 추론하는 연습을 해야 합니다. 다음 주어진 첫 문장을 토대로 나머지 세 문장이 참인지 거짓인지 판별해보세요.

Actual Test 5

QR코드를 인식시키면
음원이 재생됩니다.

Listening and Speaking

Part Ⓐ **Listen and Recognize**

5 Questions

Part Ⓑ **Listen and Respond**

5 Questions

Part Ⓒ **Listen and Retell**

10 Questions

Directions: Listen *TWICE* and choose the most suitable picture.

지시사항 1번에서 5번까지는 영어문장을 듣고, 들은 내용과 가장 관련 있는 그림을 고르는 문제입니다. 영어문장은 **두 번** 들려줍니다. Ⓐ

1.

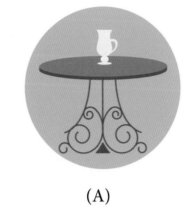

(A)

(B)

(C)

2.

(A)

(B)

(C)

3.

(A)

(B)

(C)

4.

(A)

(B)

(C)

5.

(A)

(B)

(C)

Directions: Listen *TWICE* and choose the best response.

> **지시사항** 6번부터 10번까지는 영어문장을 듣고, 들은 말에 대한 가장 알맞은 대답을 고르는 문제입니다. 영어질문과 보기는 **두 번** 들려주며 (A), (B), (C) 중에서 하나를 고르세요. 🎧 B

6. Mark your answer on your answer sheet.

7. Mark your answer on your answer sheet.

8. Mark your answer on your answer sheet.

9. Mark your answer on your answer sheet.

10. Mark your answer on your answer sheet.

Directions: Listen *TWICE* and choose the best answer.

11. What does the girl want?

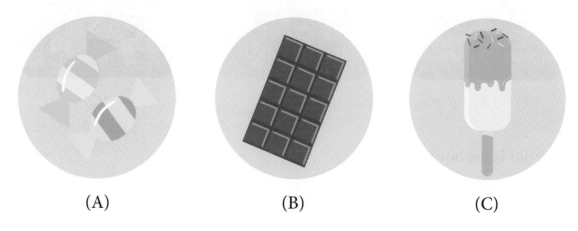

(A)   (B)   (C)

12. What time is it now?

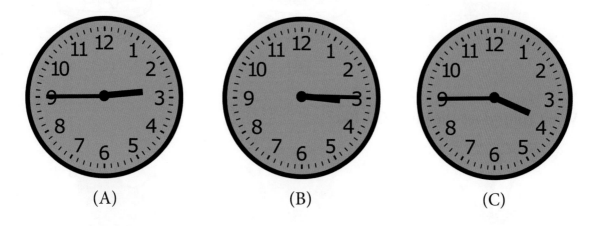

(A)   (B)   (C)

13. What does the girl do after school?

(A)   (B)   (C)

14. How old is the boy's sister?

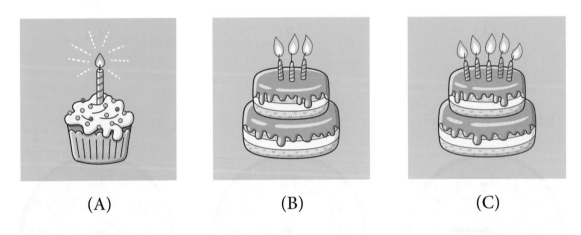

(A)   (B)   (C)

15. What color does the girl NOT like?

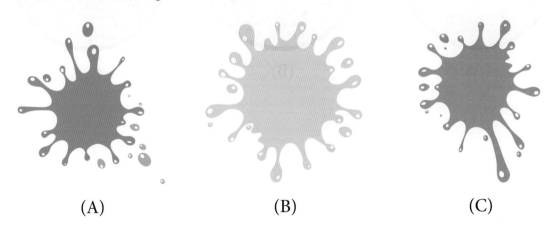

(A)   (B)   (C)

16. What season is it?

   (A) spring

   (B) fall

   (C) winter

17. How many friends are coming to the party?

   (A) 3

   (B) 4

   (C) 5

18. What kind of pizza is Peter making?

   (A) vegetable

   (B) ham and cheese

   (C) apples and cinnamon

19. What does the girl's dad do?

   (A) design clothes

   (B) feed dogs and cats

   (C) design buildings

20. What does the boy's sister do?

   (A) clean the house

   (B) do dishes

   (C) take out garbage

Section II

Reading and Writing

Part **A** *Sentence Completion*
5 Questions

Part **B** *Situational Writing*
5 Questions

Part **C** *Reading and Retelling*
10 Questions

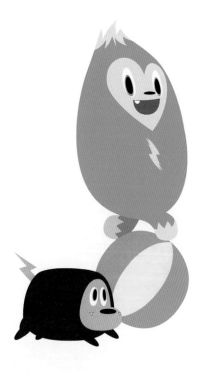

PART A Sentence Completion

Directions: Read the sentences and choose the best word for each blank.

지시사항 1번에서 5번까지는 빈칸을 알맞게 채워 대화를 완성하는 문제입니다. 가장 알맞은 답을 고르세요.

1. __________ I see your book?

(A) Am

(B) Are

(C) Can

(D) Where

2. I __________ two eyes.

(A) has

(B) have

(C) having

(D) to have

3. Let's look _________ the stars.

(A) at

(B) out

(C) with

(D) from

4. This jacket is ____________.

(A) I

(B) my

(C) me

(D) mine

5. Please stand ______.

(A) at

(B) to

(C) up

(D) for

Directions: Look at the pictures and choose the best answer.

지시사항 6번부터 10번까지는 그림을 정확히 파악하는 문제입니다. 가장 알맞은 답을 고르세요.

6.

The woman is _____.

(A) eating

(B) crying

(C) running

(D) sleeping

7.

The children are standing in _____.

(A) a line

(B) a circle

(C) a square

(D) together

8.

The girl has a very _____ pencil.

(A) pink

(B) long

(C) short

(D) green

9.

The boy is holding _____ balloons.

(A) a

(B) an

(C) very

(D) many

10.

The dog is _____ the box.

(A) to

(B) in

(C) on

(D) from

Directions: Look at the pictures or read the paragraphs and choose the best answer.

지시사항 11번부터 20번까지는 읽기 자료와 관련된 문제입니다. 읽기 자료에 대한 질문을 읽고 가장 알맞은 답을 고르세요.

For questions 11 – 12, refer to the following picture.

11. What is this room?

    (A) library

    (B) kitchen

    (C) bedroom

    (D) bathroom

12. What is NOT in the room?

    (A) a chair

    (B) a mirror

    (C) a window

    (D) a television

For questions 13 – 14, refer to the following information.

Jack is celebrating his 11ᵗʰ birthday!

Come and celebrate together.

Time: Friday, February 18ᵗʰ 6PM
Place: Hopkin's Burger Shop
Food and Snacks: chicken, hamburgers, french fries, popcorn, chocolate cookies

13. How old is Jack?

(A) eleven

(B) thirteen

(C) fifteen

(D) twenty

14. What can the kids eat at the party?

(A) hamburgers

(B) orange juice

(C) potato salad

(D) vanilla ice cream

For questions 15 – 16, refer to the following graph.

15. What is the most popular sport?

(A) tennis

(B) soccer

(C) baseball

(D) badminton

16. What is the least popular sport?

(A) tennis

(B) soccer

(C) baseball

(D) badminton

For questions 17 – 18, refer to the following passage.

I get up at 7:30 every morning. I usually eat bread, strawberry jam, apples, eggs, and milk. I wash my face and get dressed. I go to school at eight o'clock. I take the bus to school. I have three classes in the morning. I have lunch at 12:10. In the afternoon, I have two more classes. I come home at 3 o'clock.

17. When does the writer come home?

(A) 7:30

(B) 8:00

(C) 12:00

(D) 3:00

18. What does the writer NOT have in the morning?

(A) juice

(B) bread

(C) apples

(D) strawberry jam

For questions 19 – 20, refer to the following passage.

Elephants are very big animals. They have long noses. They use their long noses like hands. Elephants drink lots of water. They drink water 18 to 20 hours a day. They are very smart. They learn new tricks easily. There are usually 7 to 10 elephants in one family. They live in Asia and Africa.

19. How many elephants are in an elephant family?

(A) 7 to 10

(B) 10 to 18

(C) 18 to 20

(D) more than 20

20. Where do elephants live?

(A) Africa

(B) Europe

(C) America

(D) Australia

심화문제 유형 및 만점 전략 5

1 짚고 넘어가기

"문항을 정확하게 이해했는지 스스로 점검하세요."

정답에 실마리가 되는 핵심 어휘와 표현 및 문장 구조, 정답을
도출해내는 데 결정적 증거가 되는 내용과 논리 등을 제대로
파악했는지 질문을 통하여 능동적으로 확인하도록 합니다.

2 왜 틀렸을까?

"오답 원리를 확실하게 파악하세요."

실제 정답률 분석을 통하여 다수의 수험자가 오답을 고르게 된
핵심 원인을 설명하고, 이에 따른 올바른 문제 접근 방식을
제공합니다. 수험자들은 오답 원리를 공부하며 자신의 문제
풀이를 점검하고 더욱더 수준 높은 문제 접근 원리를 터득합니다.

3 이렇게 공부하세요!

"영어 학습 방향을 똑바로 잡으세요."

문항과 관련하여 좀 더 고차원적이고 심도 있는
영어 학습 방향을 제시합니다.

4 알짜 노트

"추가 정보와 함께 심화 학습을 완성하세요."

문항과 관련하여 별도의 학습 내용을 제공합니다.

7. G: I'm full.

B: _____

(A) Aren't you full?

(B) Really? I'm not.

(C) No, I don't need a diet.

✅ 짚고 넘어가기

✔❶ 'full'이 '가득 찬'의 의미뿐만 아니라 '배가 부른'이라는 의미를 뜻하는 것을 알고 있었나요?

❓ 왜 틀렸을까?

'full'이 '배가 부른'이라는 의미를 뜻하는 지 몰랐다면 답을 고르기 어려웠을 것입니다. (A)는 배가 부르지 않냐고 질문하는 것으로 소녀가 한 말 앞에 나올 수는 있지만 뒤에 나오는 것은 어색합니다.

❗ 이렇게 공부하세요!

여러가지 뜻을 가지는 단어를 숙지합니다.

정답률 41.52%

9. G: Did you study for the test? ✔❶

B: _____

(A) Who will take the test?

(B) I didn't have time. ✔❷

(C) I'm sure it's on Tuesday.

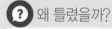 짚고 넘어가기

✔❶ 과거형 일반동사 의문문임을 파악하고 들었나요?

✔❷ (B)가 'No, I didn't.'를 대신할 수 있는 문장임을 파악했나요?

❓ 왜 틀렸을까?

소녀는 소년에게 시험공부를 했는지 아닌지를 물어보고 있습니다. 소년은 'Yes'나 'No'를 직접 사용해서 했는지 안 했는지 겉으로 알려줄 수 있지만 다른 말로 이 표현을 대신할 수도 있습니다. (B)의 문장 'I didn't have time.'을 자세히 살펴보세요. 이 문장은 시간이 없었다는 단순한 사실만을 전달할 수도 있겠지만 더 나아가 시간이 없어서 시험공부를 못 했다는 의미도 포함할 수 있습니다. 이처럼 문장을 보았을 때는 가끔은 겉에 드러나는 의미만을 생각할 것이 아니라 속에 감춰져 있는 의미까지도 파악할 수 있어야 합니다. 적지 않은 학생이 이에 익숙하지 않아 오답을 골랐습니다.

9.

The boy is holding _____ balloons.  ✔❶

(A) a

(B) an

(C) very

(D) many

✔ 짚고 넘어가기

✔❶ 'balloons'가 복수명사인 것을 파악했나요?

? 왜 틀렸을까?

'balloons'라는 복수명사를 파악하지 않으면, 관사 (A)를 답으로 고를 지도 모릅니다.

! 이렇게 공부하세요!

수량을 나타내는 관사와 한정사를 숙지합니다.

" 알짜 노트

영어로 '많다, 적다' 표현할 땐?

셀 수 있는 명사와 함께 쓰여요!
- many : 많은
Mobley took many pictures at the zoo.
(Mobley는 동물원에서 사진을 많이 찍었다.)
- a few : 적은
It's my lucky day! I found a few coins in my old jacket!
(행운의 날이야! 내 옛날 재킷에서 동전 몇 개를 찾았어!)

셀 수 없는 명사와 함께 쓰여요!
- much : 많은
How much time do we have until the game?
(경기 시작 전까지 우리 시간이 얼마나 있어?)
- a little
Angela always has coffee with a little milk.
(Angela는 항상 커피에 우유를 조금 타서 마신다.)

Elephants are very big animals. They have long noses. They use their long noses like hands. Elephants drink lots of water. They drink water 18 to 20 ✔❶ hours a day. They are very smart. They learn new tricks easily. There are usually 7 to 10 elephants in one family. They live in Asia and Africa. ✔❶

정답률 67.62%

19. How many elephants are in an elephant family?

(A) 7 to 10

(B) 10 to 18

(C) 18 to 20

(D) more than 20

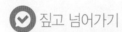 짚고 넘어가기

> ✔❶ 수와 관련된 정보가 나올 때, 어떤 것에 관련된 것인지 구분하며 읽었나요?

❓ 왜 틀렸을까?

지문에서는 수와 관련된 정보가 두 가지 나옵니다. 하나는 코끼리가 하루에 물을 마시는 시간에 관한 것이고, 다른 하나는 코끼리 한 무리 안에 몇 마리의 코끼리가 있는지에 관한 것입니다. 만약 이를 구분하지 않고 읽었다면, (C)를 답으로 고를지도 모릅니다. 실제로 적지 않은 학생들이 (C)를 골랐습니다.

❗ 이렇게 공부하세요!

수와 관련된 정보가 나올 때에는 이것이 무엇에 관련된 것인지, 구분하며 읽는 습관을 기릅니다.

Appendix

A

a lot of	많은
after school	방과 후에
all	det. 모두
already	ad. 이미, 벌써
also	ad. 역시, 또한
always	ad. 항상, 늘
animal	n. 동물
April	n. 4월
artist	n. 미술가, 예술가
at	pre. (시간, 장소) ~에
at home	집에서
at night	밤에
attention	n. 주목
August	n. 8월

B

bag	n. 가방
bake	v. 굽다
balloon	n. 풍선
bank	n. 은행
basket	n. 바구니
bathroom	n. 화장실
be from ~	~에서 오다, ~ 출신이다
beach	n. 해변
bear	n. 곰
beautiful	adj. 아름다운
because	conj. ~ 때문에
bedroom	n. 침실

bee	n. 벌
behind	pre. ~ 뒤에
beside	pre. ~ 옆에
best	adj. 최고의; ad. 가장
birthday	n. 생일
black	n. 검은색
book	n. 책
boots	n. 부츠
breakfast	n. 아침
broccoli	n. 브로콜리
brush teeth	이를 닦다
bus stop	n. 버스 정류장

C

cake	n. 케이크
Can I ~?	~해도 될까?
Can I get some ~?	~ 먹을(얻을) 수 있을까?
Can I speak to ~?	~와 통화할 수 있을까?
Can you ~?	~해줄 수 있어?
candy	n. 사탕, 캔디
card	n. 카드
cartoon	n. 만화
castle	n. 성
celebrate	v. 축하하다
cheese	n. 치즈
children	n. 아이들
chocolate	n. 초콜릿
cinnamon	n. 계피, 시나몬
circle	n. 원

city hall	n. 시청
class	n. 학급, 수업
clean	v. 치우다, 청소하다
clean (up)	v. ~을 치우다
climb	v. 오르다, 등산하다
close	v. 닫다; adj. 가까운
clothes	n. 옷
cloudy	adj. 바람이 부는
color	v. 색칠하다; n. 색, 색깔
colored	adj. 색깔이 있는
come	v. 오다
come from	~에서 오다, ~ 출신이다
congratulations on	~한 거 축하해
contact	v. 연락하다
cook	n. 요리사; v. 요리하다
cooking	n. 요리
corner	n. 모퉁이, 코너
count	v. 세다
cup	n. 컵
curly	adj. 곱슬곱슬한

D

December	n. 12월
delicious	adj. 맛있는
design	v. 디자인하다, 설계하다
designer	n. 디자이너, 설계자
diet	n. 다이어트, 식습관
do dishes	설거지하다
do homework	숙제를 하다

Do you have the time?	지금 몇 시인지 알아?, 지금 몇 시야?
Do you want some ~?	~좀 먹을래?
doll	n. 인형
dollar	n. 달러
draw	v. 그리다
drive	v. 운전하다, 몰다
during	pre. ~ 중에, ~ 동안

E

Easter	n. 부활절
egg	n. 달걀
entrance	n. 입구, 문
eraser	n. 지우개
even	ad. 심지어
event	n. 사건
every	det. 모든
every day	매일
every morning	매일 아침
excited	adj. 신난, 흥분한
exercise	v. 운동하다

F

fall	n. 가을
fall (down)	v. 떨어지다
family	n. 가족
farmer	n. 농부
fashion	n. 패션, (유행)스타일
favorite	adj. (가장) 마음에드는

feel	v. (~한 기분이) 들다	go to the movies	영화 보러 가다
fever	n. 열	good	adj. 좋은, 괜찮은
fight	v. 싸우다, 다투다; n. 싸움	Good morning	좋은 아침입니다
find	v. 찾다	graduation	n. 졸업, 졸업식
finish	v. ~을 마치다, 끝내다	grandparents	n. 조부모님
first	ad. 우선, 먼저, 첫 번째로	green	n. 초록색
fix	v. 수리하다, 고정시키다	gym	n. 체육관
flower	n. 꽃	**H**	
fly	v. 날다	hamster	n. 햄스터
food	n. 음식	hand	n. 손
for	pre. ~동안	happy	adj. 행복한
french fries	n. 감자튀김	hard	ad. 심하게; adj. 딱딱한
friend	n. 친구	have	v. 먹다, 마시다; 가지다
from	pre. ~로 부터	have a cold	감기에 걸리다
fruit	n. 과일	have a smile on one's face	웃는 얼굴을 하다
full	adj. 배부른, 가득 찬	have fun	재미있게 놀다
fun	n.재미; adj. 재밌는	have lunch	점심을 먹다
G		help	v. 돕다
garden	n. 정원	hide and seek	n. 숨바꼭질
get A B	A에게 B를 (얻어)주다	hold	v. 들다, 잡다
get off	떠나다, 출발하다	hope to	~하기를 바라다
get up	일어나다	horse	n. 말
glasses	n. 안경	how much is/are ~?	~가 얼마예요?
globe	n. 지구본	how old	몇 살
gloves	n. 장갑	How old are you?	몇 살이야?
go swimming	수영하러 가다	how to ~	~하는 법
go to school	등교하다	hungry	adj. 배고픈
go to see the movies	영화 보러 가다		

hurt	v. 다치다; adj. 아픈

I

I can't wait	~가 몹시 기다려지다
I'd love to	그러고 싶어
in	pre. ~안에
in front of	~ 앞에
in the morning	아침에
invite	v. 초대하다
Italian	adj. 이탈리아의
It's great to see you	만나서 반갑습니다

J

January	n. 1월
jump	v. 뛰다, 점프하다
Just a minute	잠깐만, 잠시만

K

kick	v. 차다
kid	n. 아이
kind (of)	n. 종류
kitchen	n. 부엌

L

large	adj. 큰
leaf	n. (나뭇)잎
learn	v. 배우다
leave	v. 떠나다; 남겨두다
Let's do something	~을 하자
Let's have fun	즐겁게 보내자
library	n. 도서관
like to do something	~하는 것을 좋아하다

lily	n. 백합
line	n. 줄
listen	v. 듣다
listen to music	음악을 듣다
little	adj. 작은
live in	~에서 살다
look	v. ~처럼 보이다
look at	~을 보다, 살피다
look like	~처럼 보이다
lots of	많은
lunch	n. 점심

M

make	v. 만들다
many	det. 많은
March	n. 3월
May	n. 5월
medicine	n. 약, 약물
mine	n. 나의 것
mirror	n. 거울
month	n. 달
morning	n. 아침
museum	n. 박물관
music	n. 음악
music class	n. 음악 수업
musician	n. 음악가
must	반드시 ~ 해야 한다
my	det. 나의

N

near	adj. ~의 근처에	people	n. 사람들
need	v. 필요하다	pet	n. 애완동물
new	adj. 새로운	picture	n. 그림, 사진
next	pre. 다음	pink	n. 분홍색
next to	~의 옆에	play	v. 연주하다; 놀다
No thanks	(거절할 때) 괜찮아	play ball	공놀이를 하다
noisy	adj. 시끄러운	play golf	골프를 치다
notebook	n. 공책	play tennis	테니스를 치다
November	n. 11월	popular	adj. 인기 있는

O

o'clock	~시	pretty	adj. 예쁜
old	adj. 나이가 ~인; 낡은	price	n. 가격
older sister	누나, 언니	principal	n. 교장, 학장; adj. 주요한
on	pre. ~위에; (시간) ~에	pumpkin	n. 호박
on Saturdays	토요일마다	purple	n. 보라색
on the weekend	주말에	put	v. 넣다, 놓다
open	adj. 열린	put A on B	A을 B위에 얹다
orange	n. 오렌지	put off	미루다, 연기하다
other	adj. 다른	put on ~	~을 입다
outside	pre. 밖에, 밖에서		

P

Q

		quarter	n. 15분; 4분의 1

R

park	n. 공원	rabbit	n. 토끼
parrot	n. 앵무새	raincoat	n. 비옷
party	n. 파티	rainy	adj. 비가 내리는
pass A B	B를 A에게 건네주다	read	v. 읽다
past	ad. ~을 지나서	really	ad. 정말, 정말로
peanut	n. 땅콩	red	n. 빨간색
pen	n. 펜	restaurant	n. 식당

ride	v. 타다	something ~	~한 어떤 것
ride a bicycle	자전거 타다	sometimes	ad. 때때로
roof	n. 지붕	soon	ad. 곧
room	n. 방	spaghetti	n. 스파게티
S		speak	v. 말하다, 이야기하다
sale	n. 판매, 세일	special	adj. 특별한
sand	n. 모래	square	n. 정사각형
Saturday	n. 토요일	stand	v. 서다, 일어서다
say hello	v. 인사하다	stand up	서 있다, 일어서다
science	n. 과학	star	n. 별
sea	n. 바다	stick	n. 나뭇가지
season	n. 계절, 시기	stone	n. 돌멩이
seat	n. 좌석	store	n. 상점, 가게
see	v. 보다	story	n. 이야기
September	n. 9월	straight	adj. 곧은
shape	n. 모양	strawberry	n. 딸기
sick	adj. 아픈	street	n. 거리
sing	v. 노래하다	stripe	n. 줄무늬
sit on	~에 앉다	study	v. 공부하다
skirt	n. 치마	study for the test	시험공부 하다
sky	n. 하늘	summer	n. 여름
small	adj. 작은	Sunday	n. 일요일
smart	adj. 똑똑한, 영리한	sure	ad. 물론; adj. 확실한
snow	n. 눈; v. 눈이 오다	swim	v. 수영하다
snowman	n. 눈사람	**T**	
snowy	adj. 눈이 오는	table	n. 탁자
sofa	n. 소파, 긴 의자		

take	v. ~을 타다
take a test	시험을 치다
take out the garbage	쓰레기를 치우다, 내놓다
talk to ~	~에게 말하다
tasty	adj. 맛있는
teacher	n. 선생님
tell A B	A에게 B를 말하다
Thank you very much	정말 고마워
thanks for ~	~해서 고마워
there	ad. 거기에
there is/are	~가 있다
think about	~에 대해 생각하다
This is ~ speaking	~가 전합니다(말합니다)
those	adj. (복수형) 그, 저
tired	adj. 피곤한
today	n. 오늘
too	ad. (끝에 위치하여) ~도
triangle	n. 삼각형
trick	n. 요령
Tuesday	n. 화요일
turn off	(전기, 가스 등을) 끄다
twelve	n. 12, 열둘

U

umbrella	n. 우산
uniform	n. 유니폼, 제복
use	v. 쓰다, 사용하다
usually	ad. 대개, 보통

V

vegetable	n. 채소, 야채
very	ad. 아주, 매우
very well	아주 잘 지내는
visit	v. 방문하다

W

wait	v. 기다리다
wait in line	줄을 서서 기다리다
walk	v. 걷다
want to be(come) ~	~가 되고 싶다
want to do ~	~하고 싶다
warm	adj. 따뜻한
wash	v. 씻다
wash the dishes	설거지를 하다
watermelon	n. 수박
wear	v. 입다, 쓰다, 착용하다
Wednesday	n. 수요일
when	ad. (의문문)언제; ~할 때
which	어느, 어떤
who	누가
whose	(의문문에서) 누구의
win	v. 우승하다, 이기다
window	n. 창문
windy	adj. 바람이 부는
winter	n. 겨울
with	pre. ~와 함께, 같이
work	v. 일하다
write	v. 쓰다

Y

year   n. 년

zebra   얼룩말

zoo   동물원

국제영어능력인증시험 (TOSEL)

STARTER

국제토셀위원회

한글이름

감독확인

SECTION I

문항	A	B	C	D		문항	A	B	C	D
1	Ⓐ	Ⓑ	Ⓒ	Ⓓ		11	Ⓐ	Ⓑ	Ⓒ	Ⓓ
2	Ⓐ	Ⓑ	Ⓒ	Ⓓ		12	Ⓐ	Ⓑ	Ⓒ	Ⓓ
3	Ⓐ	Ⓑ	Ⓒ	Ⓓ		13	Ⓐ	Ⓑ	Ⓒ	Ⓓ
4	Ⓐ	Ⓑ	Ⓒ	Ⓓ		14	Ⓐ	Ⓑ	Ⓒ	Ⓓ
5	Ⓐ	Ⓑ	Ⓒ	Ⓓ		15	Ⓐ	Ⓑ	Ⓒ	Ⓓ
6	Ⓐ	Ⓑ	Ⓒ	Ⓓ		16	Ⓐ	Ⓑ	Ⓒ	Ⓓ
7	Ⓐ	Ⓑ	Ⓒ	Ⓓ		17	Ⓐ	Ⓑ	Ⓒ	Ⓓ
8	Ⓐ	Ⓑ	Ⓒ	Ⓓ		18	Ⓐ	Ⓑ	Ⓒ	Ⓓ
9	Ⓐ	Ⓑ	Ⓒ	Ⓓ		19	Ⓐ	Ⓑ	Ⓒ	Ⓓ
10	Ⓐ	Ⓑ	Ⓒ	Ⓓ		20	Ⓐ	Ⓑ	Ⓒ	Ⓓ

SECTION II

문항	A	B	C	D		문항	A	B	C	D
1	Ⓐ	Ⓑ	Ⓒ	Ⓓ		11	Ⓐ	Ⓑ	Ⓒ	Ⓓ
2	Ⓐ	Ⓑ	Ⓒ	Ⓓ		12	Ⓐ	Ⓑ	Ⓒ	Ⓓ
3	Ⓐ	Ⓑ	Ⓒ	Ⓓ		13	Ⓐ	Ⓑ	Ⓒ	Ⓓ
4	Ⓐ	Ⓑ	Ⓒ	Ⓓ		14	Ⓐ	Ⓑ	Ⓒ	Ⓓ
5	Ⓐ	Ⓑ	Ⓒ	Ⓓ		15	Ⓐ	Ⓑ	Ⓒ	Ⓓ
6	Ⓐ	Ⓑ	Ⓒ	Ⓓ		16	Ⓐ	Ⓑ	Ⓒ	Ⓓ
7	Ⓐ	Ⓑ	Ⓒ	Ⓓ		17	Ⓐ	Ⓑ	Ⓒ	Ⓓ
8	Ⓐ	Ⓑ	Ⓒ	Ⓓ		18	Ⓐ	Ⓑ	Ⓒ	Ⓓ
9	Ⓐ	Ⓑ	Ⓒ	Ⓓ		19	Ⓐ	Ⓑ	Ⓒ	Ⓓ
10	Ⓐ	Ⓑ	Ⓒ	Ⓓ		20	Ⓐ	Ⓑ	Ⓒ	Ⓓ

수 험 번 호

(1)

(2)

숫자 칸: ⓪①②③④⑤⑥⑦⑧⑨

주의사항

1. 수험번호 및 답안은 검은색 사인펜을 사용해서 〈보기〉와 같이 표기합니다.
   〈보기〉 바른표기 : ● 틀린표기 : ⊙ ⊗ ◐ ◉
2. 수험번호(1)에는 아라비아 숫자로 쓰고, (2)에는 해당란에 ● 표기합니다.
3. 답안 수정은 수정 테이프로 흔적을 깨끗이 지웁니다.
4. 수험번호 및 답안 작성란 이외의 여백에 낙서를 하지 마시기 바랍니다. 이로 인한 불이익은 수험자 본인 책임입니다.
5. 마킹오류로 채점 불가능한 답안은 0점 처리되오니, 이점 유의하시기 바랍니다.

국제영어능력인증시험 (TOSEL)

STARTER

한글이름

감독확인

SECTION I

문항	A	B	C	D	문항	A	B	C	D
1	Ⓐ	Ⓑ	Ⓒ	Ⓓ	11	Ⓐ	Ⓑ	Ⓒ	Ⓓ
2	Ⓐ	Ⓑ	Ⓒ	Ⓓ	12	Ⓐ	Ⓑ	Ⓒ	Ⓓ
3	Ⓐ	Ⓑ	Ⓒ	Ⓓ	13	Ⓐ	Ⓑ	Ⓒ	Ⓓ
4	Ⓐ	Ⓑ	Ⓒ	Ⓓ	14	Ⓐ	Ⓑ	Ⓒ	Ⓓ
5	Ⓐ	Ⓑ	Ⓒ	Ⓓ	15	Ⓐ	Ⓑ	Ⓒ	Ⓓ
6	Ⓐ	Ⓑ	Ⓒ	Ⓓ	16	Ⓐ	Ⓑ	Ⓒ	Ⓓ
7	Ⓐ	Ⓑ	Ⓒ	Ⓓ	17	Ⓐ	Ⓑ	Ⓒ	Ⓓ
8	Ⓐ	Ⓑ	Ⓒ	Ⓓ	18	Ⓐ	Ⓑ	Ⓒ	Ⓓ
9	Ⓐ	Ⓑ	Ⓒ	Ⓓ	19	Ⓐ	Ⓑ	Ⓒ	Ⓓ
10	Ⓐ	Ⓑ	Ⓒ	Ⓓ	20	Ⓐ	Ⓑ	Ⓒ	Ⓓ

SECTION II

문항	A	B	C	D	문항	A	B	C	D
1	Ⓐ	Ⓑ	Ⓒ	Ⓓ	11	Ⓐ	Ⓑ	Ⓒ	Ⓓ
2	Ⓐ	Ⓑ	Ⓒ	Ⓓ	12	Ⓐ	Ⓑ	Ⓒ	Ⓓ
3	Ⓐ	Ⓑ	Ⓒ	Ⓓ	13	Ⓐ	Ⓑ	Ⓒ	Ⓓ
4	Ⓐ	Ⓑ	Ⓒ	Ⓓ	14	Ⓐ	Ⓑ	Ⓒ	Ⓓ
5	Ⓐ	Ⓑ	Ⓒ	Ⓓ	15	Ⓐ	Ⓑ	Ⓒ	Ⓓ
6	Ⓐ	Ⓑ	Ⓒ	Ⓓ	16	Ⓐ	Ⓑ	Ⓒ	Ⓓ
7	Ⓐ	Ⓑ	Ⓒ	Ⓓ	17	Ⓐ	Ⓑ	Ⓒ	Ⓓ
8	Ⓐ	Ⓑ	Ⓒ	Ⓓ	18	Ⓐ	Ⓑ	Ⓒ	Ⓓ
9	Ⓐ	Ⓑ	Ⓒ	Ⓓ	19	Ⓐ	Ⓑ	Ⓒ	Ⓓ
10	Ⓐ	Ⓑ	Ⓒ	Ⓓ	20	Ⓐ	Ⓑ	Ⓒ	Ⓓ

수 험 번 호

(1)

| ⓪ | ① | ② | ③ | ④ | ⑤ | ⑥ | ⑦ | ⑧ | ⑨ |

(2)

| ⓪ | ① | ② | ③ | ④ | ⑤ | ⑥ | ⑦ | ⑧ | ⑨ |

주의사항

1. 수험번호 및 답안은 검은색 사인펜을 사용해서 <보기>와 같이 표기합니다.
   <보기> 바른표기 : ● 틀린표기 : ⊙ ⊗ ◑ ◐
2. 수험번호(1)에는 아라비아 숫자로 쓰고, (2)에는 해당란에 ● 표기합니다.
3. 답안 수정은 수정 테이프로 흔적을 깨끗이 지웁니다.
4. 수험번호 및 답안 작성란 이외의 여백에 낙서를 하지 마시기 바랍니다. 이로 인한 불이익은 수험자 본인 책임입니다.
5. 마킹오류로 제점 불가능한 답안은 답안은 0점 처리되오니, 이점 유의하시기 바랍니다.

국제영어능력인증시험 (TOSEL)

국제토셀위원회

STARTER

한글이름

감독확인

수 험 번 호

(1)

(2)

SECTION I

문항	A	B	C	D
1	A	B	C	D
2	A	B	C	D
3	A	B	C	D
4	A	B	C	D
5	A	B	C	D
6	A	B	C	D
7	A	B	C	D
8	A	B	C	D
9	A	B	C	D
10	A	B	C	D

문항	A	B	C	D
11	A	B	C	D
12	A	B	C	D
13	A	B	C	D
14	A	B	C	D
15	A	B	C	D
16	A	B	C	D
17	A	B	C	D
18	A	B	C	D
19	A	B	C	D
20	A	B	C	D

SECTION II

문항	A	B	C	D
1	A	B	C	D
2	A	B	C	D
3	A	B	C	D
4	A	B	C	D
5	A	B	C	D
6	A	B	C	D
7	A	B	C	D
8	A	B	C	D
9	A	B	C	D
10	A	B	C	D

문항	A	B	C	D
11	A	B	C	D
12	A	B	C	D
13	A	B	C	D
14	A	B	C	D
15	A	B	C	D
16	A	B	C	D
17	A	B	C	D
18	A	B	C	D
19	A	B	C	D
20	A	B	C	D

국제영어능력인증시험 (TOSEL)

STARTER

한글이름

감독확인

국제토셀위원회

수 험 번 호

| (1) | 0 1 2 3 4 5 6 7 8 9 | 0 1 2 3 4 5 6 7 8 9 | 0 1 2 3 4 5 6 7 8 9 | 0 1 2 3 4 5 6 7 8 9 | 0 1 2 3 4 5 6 7 8 9 | – | 0 1 2 3 4 5 6 7 8 9 | 0 1 2 3 4 5 6 7 8 9 | – | 0 1 2 3 4 5 6 7 8 9 |
| (2) | | | | | | | | | | |

주의사항

1. 수험번호 및 답안은 검은색 사인펜을 사용해서 <보기>와 같이 표기합니다.
   <보기> 바른표기 : ● 틀린표기 : ⊙ ⊗ ⊙ ◑ ◐
2. 수험번호(1)에는 아라비아 숫자로 쓰고, (2)에는 해당란에 ● 표기합니다.
3. 답안 수정은 수정 테이프로 흔적을 깨끗이 지웁니다.
4. 수험번호 및 답안 작성란 이외의 여백에 낙서를 하지 마시기 바랍니다. 이로 인한 불이익은 수험자 본인 책임입니다.
5. 마킹오류로 채점 불가능한 답안은 0점 처리되오니, 이점 유의하시기 바랍니다.

SECTION I

문항	A	B	C	D
1	A	B	C	D
2	A	B	C	D
3	A	B	C	D
4	A	B	C	D
5	A	B	C	D
6	A	B	C	D
7	A	B	C	D
8	A	B	C	D
9	A	B	C	D
10	A	B	C	D

문항	A	B	C	D
11	A	B	C	D
12	A	B	C	D
13	A	B	C	D
14	A	B	C	D
15	A	B	C	D
16	A	B	C	D
17	A	B	C	D
18	A	B	C	D
19	A	B	C	D
20	A	B	C	D

SECTION II

문항	A	B	C	D
1	A	B	C	D
2	A	B	C	D
3	A	B	C	D
4	A	B	C	D
5	A	B	C	D
6	A	B	C	D
7	A	B	C	D
8	A	B	C	D
9	A	B	C	D
10	A	B	C	D

문항	A	B	C	D
11	A	B	C	D
12	A	B	C	D
13	A	B	C	D
14	A	B	C	D
15	A	B	C	D
16	A	B	C	D
17	A	B	C	D
18	A	B	C	D
19	A	B	C	D
20	A	B	C	D

국제영어능력인증시험 (TOSEL)

STARTER

감독확인

한글이름

SECTION I

문항	A	B	C	D	문항	A	B	C	D
1	Ⓐ	Ⓑ	Ⓒ	Ⓓ	11	Ⓐ	Ⓑ	Ⓒ	Ⓓ
2	Ⓐ	Ⓑ	Ⓒ	Ⓓ	12	Ⓐ	Ⓑ	Ⓒ	Ⓓ
3	Ⓐ	Ⓑ	Ⓒ	Ⓓ	13	Ⓐ	Ⓑ	Ⓒ	Ⓓ
4	Ⓐ	Ⓑ	Ⓒ	Ⓓ	14	Ⓐ	Ⓑ	Ⓒ	Ⓓ
5	Ⓐ	Ⓑ	Ⓒ	Ⓓ	15	Ⓐ	Ⓑ	Ⓒ	Ⓓ
6	Ⓐ	Ⓑ	Ⓒ	Ⓓ	16	Ⓐ	Ⓑ	Ⓒ	Ⓓ
7	Ⓐ	Ⓑ	Ⓒ	Ⓓ	17	Ⓐ	Ⓑ	Ⓒ	Ⓓ
8	Ⓐ	Ⓑ	Ⓒ	Ⓓ	18	Ⓐ	Ⓑ	Ⓒ	Ⓓ
9	Ⓐ	Ⓑ	Ⓒ	Ⓓ	19	Ⓐ	Ⓑ	Ⓒ	Ⓓ
10	Ⓐ	Ⓑ	Ⓒ	Ⓓ	20	Ⓐ	Ⓑ	Ⓒ	Ⓓ

SECTION II

문항	A	B	C	D	문항	A	B	C	D
1	Ⓐ	Ⓑ	Ⓒ	Ⓓ	11	Ⓐ	Ⓑ	Ⓒ	Ⓓ
2	Ⓐ	Ⓑ	Ⓒ	Ⓓ	12	Ⓐ	Ⓑ	Ⓒ	Ⓓ
3	Ⓐ	Ⓑ	Ⓒ	Ⓓ	13	Ⓐ	Ⓑ	Ⓒ	Ⓓ
4	Ⓐ	Ⓑ	Ⓒ	Ⓓ	14	Ⓐ	Ⓑ	Ⓒ	Ⓓ
5	Ⓐ	Ⓑ	Ⓒ	Ⓓ	15	Ⓐ	Ⓑ	Ⓒ	Ⓓ
6	Ⓐ	Ⓑ	Ⓒ	Ⓓ	16	Ⓐ	Ⓑ	Ⓒ	Ⓓ
7	Ⓐ	Ⓑ	Ⓒ	Ⓓ	17	Ⓐ	Ⓑ	Ⓒ	Ⓓ
8	Ⓐ	Ⓑ	Ⓒ	Ⓓ	18	Ⓐ	Ⓑ	Ⓒ	Ⓓ
9	Ⓐ	Ⓑ	Ⓒ	Ⓓ	19	Ⓐ	Ⓑ	Ⓒ	Ⓓ
10	Ⓐ	Ⓑ	Ⓒ	Ⓓ	20	Ⓐ	Ⓑ	Ⓒ	Ⓓ

수 험 번 호

(1)
(2)

(0 1 2 3 4 5 6 7 8 9)

주의사항

1. 수험번호 및 답안은 검은색 사인펜을 사용해서 〈보기〉와 같이 표기합니다.
   〈보기〉 바른표기 : ● 틀린표기 : ⊘ ⊗ ◑ ●
2. 수험번호 (1)에는 아라비아 숫자로 쓰고, (2)에는 해당란에 ● 표기합니다.
3. 답안 수정은 수정 테이프로 흔적을 깨끗이 지웁니다.
4. 수험번호 및 답안 작성란 이외의 여백에 낙서를 하지 마시기 바랍니다. 이로 인한 불이익은 수험자 본인 책임입니다.
5. 마킹오류로 채점 불가능한 답안은 0점 처리되오니, 이점 유의하시기 바랍니다.

엄선된 **100만 명**의 응시자 성적 데이터를 활용한 **AI기반** 데이터 공유 및 가치 고도화 플랫폼

TOSEL® Lab

공동기획
- 고려대학교 문과대학 언어정보연구소
- 국제토셀위원회

TOSEL Lab 이란?

국내외 15,000여 개 학교·학원 단체응시인원 중 엄선한 100만 명 이상의 실제 TOSEL 성적 데이터와, 정부(과학기술정보통신부)의 AI 바우처 지원 사업 수행기관 선정으로 개발된 맞춤식 AI 빅데이터 기반 영어성장 플랫폼입니다.

TOSEL Lab
지정교육기관 혜택

혜택 1
지역독점권

혜택 2
시험 고사장 자격 부여

혜택 3
고려대학교 field trip

혜택 4
토셀 영어학습 패키지

혜택 5
단체 성적분석자료

특강반, 신설반 교재추천

혜택 6
진단평가 기반

무료 영어학습 컨텐츠

Placement Test / Self Study / Monthly Test

학원장의 실질적인 비용부담 없이
TOSEL® Lab
브랜드를 사용할 수 있는 기회

TOSEL Lab 에는 어떤 콘텐츠가 있나요?

진단
맞춤형 레벨테스트로
정확한 평가 제공

응시자 빅데이터 분석에 기반한
테스트로 신규 상담 학생의
영어능력을 정확하게 진단하고
효과적인 영어 교육을 실시하기
위한 객관적인 가이드라인을
제공합니다.

교재
세분화된 레벨로
실력에 맞는 학습 제공

TOSEL의 세분화된 교재 레벨은
각 연령에 맞는 어휘와 읽기
지능 및 교과 과정과의 연계가
가능하도록 설계된 교재들로
효과적인 학습 커리큘럼을
제공합니다.

학습
다양한 교재연계 콘텐츠로
효과적인 자기주도학습

TOSEL 시험을 대비한 다양한
콘텐츠를 제공해 영어 학습에
시너지 효과를 기대할 수
있으며, 학생들의 자기주도
학습 습관을 더 탄탄하게
키울 수 있습니다.

Reading Series
내신과 **토셀 고득점**을 한꺼번에

[Pre-Starter] [Starter] [Basic] [Junior] [High-Junior]

- 각 단원 학습 도입부에 주제와 관련된 이미지를 통한 말하기 연습
- 각 Unit 별 4-6개의 목표 단어 제시, 그림 또는 영문으로 단어 뜻을 제공하여 독해 학습 전 단어 숙지
- 독해&실용문 연습을 위한 지문과 Comprehension 문항을 10개씩 수록하여 이해도 확인 및 진단
- 숙지한 독해 지문을 원어민 음성으로 들으며 듣기 학습 , 듣기 전, 듣기 중, 듣기 후 학습 커리큘럼 마련

Listening Series
한국 학생들에게 최적화된 듣기 실력 완성!

[Pre-Starter] [Starter] [Basic] [Junior] [High-Junior]

- 초등 / 중등 교과과정 연계 말하기&듣기 학습과 세분화된 레벨
- TOSEL 기출 문장과 실생활에 자주 활용되는 문장 패턴을 통해 듣기 및 말하기 학습
- 실제 TOSEL 지문의 예문을 활용한 실용적 학습 제공
- 실전 감각 향상과 점검을 위한 기출 문제 수록

Speaking Series
출간예정

Grammar Series

체계적인 단계별 **문법 지침서**

Pre-Starter | Starter | Basic | Junior | High-Junior

- 초등 / 중등 교과과정 연계 문법 학습과 세분화된 레벨
- TOSEL 기출 문제 연습과 최신 수능 출제 문법을 포함하여 수능 / 내신 대비 가능
- 이해하기 쉬운 그림, 깔끔하게 정리된 표와 설명, 다양한 문제를 통해 문법 학습
- 실전 감각 향상과 점검을 위한 기출 문제 수록

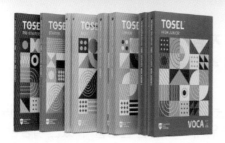

Voca Series

학년별 꼭 알아야하는 **단어 수록!**

Pre-Starter | Starter | Basic | Junior | High-Junior

- 각 단어 학습 도입부에 주제와 관련된 이미지를 통한 말하기 연습
- TOSEL 시험을 기준으로 빈출 지표를 활용한 예문과 문제 구성
- 실제 TOSEL 지문의 예문을 활용한 실용적 학습 제공
- 실전 감각 향상과 점검을 위한 실전 문제 수록

Story Series

읽는 재미에 실력까지 **동시에!**

Pre-Starter | Starter | Basic | Junior

- 초등 / 중등 교과과정 연계 영어 학습과 세분화된 레벨
- 이야기 지문과 단어를 함께 연결지어 학생들의 독해 능력을 평가
- 이해하기 쉬운 그림, 깔끔하게 정리된 표와 설명, 다양한 문제, 재미있는 스토리를 통한 독해 학습
- 다양한 단계의 문항을 풀어보고 학생들의 읽기, 듣기, 쓰기, 말하기 실력을 집중적으로 향상

교재를 100% 활용하는 TOSEL Lab 지정교육기관의 노하우!

Teaching Materials

TOSEL에서 제공하는 수업 자료로
교재 학습을 더욱 효과적으로 진행!

Study Content

철저한 자기주도학습 콘텐츠로
교재 수업 후 효과적인 복습!

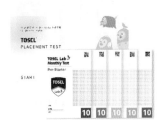

Test Content

교재 학습과 더불어 학생 맞춤형
시험으로 실력 점검 및 향상

100만 명으로 엄선된 **TOSEL**
성적 데이터로 탄생!

TOSEL Lab 지정교육기관을 위한 콘텐츠로 더욱 효과적인 수업을 경험하세요.

국제토셀위원회는 TOSEL Lab 지정교육기관에서 교재로
수업하는 학원을 위해 교재를 잘 활용할 수 있는 다양한
콘텐츠를 제공 및 지원합니다.

TOSEL Lab 지정교육기관은

국제토셀위원회 직속 TOSEL연구소에서 20년 동안 보유해온
전국 15,000여 개 교육기관 토셀 응시자들의 영어성적 분석데이터를
공유받아, 통계를 기반으로 한 전문적이고 과학적인 커리큘럼을 설계하고,
영어학습 방향을 제시하여,경쟁력있는 기관, 잘 가르치는 기관으로
해당 지역에서 입지를 다지게 됩니다.

TOSEL Lab 지정교육기관으로 선정되기 위해서는
소정의 **심사 절차**가 수반됩니다.

TOSEL Lab
심사신청

TOSEL Lab
더 알아보기

TOSEL° Lab

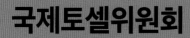

TOSEL 심화문제집

심화문제집

STARTER

정답 및 해설

TOSEL®
심화문제집

STARTER
정답 및 해설

TOSEL STARTER

심화 1회

SECTION I LISTENING AND SPEAKING

Part A. Listen and Recognize (p.12)

1. B: I have a green bag.

(B)

해석 소년: 나는 초록색 가방이 있어.

풀이 초록색 가방 그림 (B)가 답이다.

Words and Phrases green 초록색 | bag 가방

2. B: She is jumping.

(A)

해석 소년: 그녀는 뛰고 있어

풀이 소녀가 뛰고 있는 그림 (A)가 답이다.

Words and Phrases jump 뛰다, 점프하다

3. G: The books are on the table.

(C)

해석 소녀: 책들이 탁자 위에 있어.

풀이 탁자 위에 책들이 놓여 있는 그림 (C)가 답이다.

Words and Phrases book 책 | on ~ 위에 | table 탁자

4. B: The kids are at the zoo.

(A)

해석 소년: 아이들이 동물원에 있어.

풀이 아이들이 동물원에서 놀고 있는 그림 (A)가 답이다.

5. B: There are five pens.

(C)

해석 소년: 펜 5자루가 있어.

풀이 펜 5자루가 있는 그림 (C)가 답이다.

Words and Phrases there is/are ~가 있다 | pen 펜

Part B. Listen and Respond (p.14)

6. B: When is your birthday?

G: _____

(A) It is March 15th.

(B) I'm 10 years old.

(C) Thank you very much.

해석 소년: 네 생일이 언제야?

소녀: _____

(A) 3월 15일이야.

(B) 난 10살이야.

(C) 정말 고마워.

풀이 생일을 물었으므로 생일 날짜를 답하는 (A)가 답이다.

Words and Phrases when 언제 | birthday 생일 | March 3월 |
Thank you very much. 정말 고마워.

7. B: Where is Jane?

G: _____

(A) She is good.

(B) She is not sick.

(C) She is in her room.

해석 소년: Jane은 어딨어?

소녀: _____

(A) 그녀는 잘 있어.

(B) 그녀는 아프지 않아.

(C) 그녀는 자기 방에 있어.

풀이 Jane이 어디 있는지 물었으므로 자기 방에 있다고 장소를 말하는 (C)
가 답이다.

Words and Phrases good 좋은, 괜찮은 | sick 아픈 | in ~ 안에 | room 방

8. W: How much are these apples?

M: _____

(A) They are red.

(B) They are big.

(C) They are two dollars.

해석 여자: 이 사과들은 얼마예요?

남자: _____

(A) 그것들은 빨간색입니다.

(B) 그것들은 커다랗습니다.

(C) 그것들은 2달러입니다.

풀이 사과의 가격을 물었으므로 가격을 말하는 (C)가 답이다.

Words and Phrases how much is/are ~? ~가 얼마예요? | red 빨간색 |
big 큰 | dollar 달러

9. G: I am wearing a new pink skirt.
   B: _____
   (A) Thank you.
   (B) No, that's mine.
   (C) Wow, so pretty.
해석 소녀: 나는 새 분홍색 치마를 입고 있어.
   소년: _____
   (A) 고마워.
   (B) 아니, 그건 내 거야.
   (C) 와, 정말 예뻐.
풀이 새로운 분홍 치마를 입었다는 말에 예쁘다고 칭찬하는 (C)가 답이다.
Words and Phrases wear 입다 | new 새로운 | pink 분홍색 | skirt 치마 |
   mine 나의 것 | so 매우 | pretty 예쁜

10. W: Clean up your room!
    B: _____
    (A) Okay, I will.
    (B) No, it's small.
    (C) Yes, it's my room.
해석 여자: 너의 방을 치우렴!
   소년: _____
   (A) 알겠어요, 그럴게요.
   (B) 아니요, 그건 작아요.
   (C) 네, 그건 제 방이에요.
풀이 방을 치우라는 말에 그러겠다고 답하는 (A)가 답이다.
Words and Phrases clean (up) ~을 치우다 | room 방 | small 작은

Part C. Listen and Retell (p.15)

11. B: Congratulations on winning!
    G: Thank you! I am so happy.
    Q: How does the girl feel?
    (C)
해석 소년: 우승한 거 축하해!
   소녀: 고마워! 난 정말 행복해.
   질문: 소녀의 기분은 어떠한가?
풀이 정말 행복하다고 했으므로 웃고 있는 소녀 그림 (C)가 답이다.
Words and Phrases congratulations on ~한 거 축하해 | win 우승하다, 이
   기다 | happy 행복한

12. G: I like drawing pictures.
    B: I like listening to music.
    Q: What does the boy like?
    (B)
해석 소녀: 난 그림을 그리는 것이 좋아.
   소년: 난 음악을 듣는 것이 좋아.
   질문: 소년은 무엇을 좋아하는가?
풀이 음악 듣는 것을 좋아한다고 했으므로 노래를 듣는 소년 그림 (B)가 답
   이다.

Words and Phrases draw 그리다 | picture 그림, 사진 |
   listen to music 음악을 듣다

13. B: Do you want some chocolate?
    G: No, I already ate some strawberries.
    Q: What did the girl eat?
    (A)
해석 소년: 초콜릿 좀 먹을래?
   소녀: 아니, 난 이미 딸기를 좀 먹었어.
   질문: 소녀는 무엇을 먹었는가?
풀이 딸기를 먹었다고 했으므로 딸기 그림 (A)가 답이다.
Words and Phrases Do you want some ~? ~ 좀 먹을래? |
   chocolate 초콜릿 | already 이미, 벌써 |
   strawberry 딸기

14. G: Do you know when the party is?
    B: It is next Tuesday.
    Q: What day is the party?
    (A)
해석 소녀: 파티가 언제인지 알아?
   소년: 다음 주 화요일이야.
   질문: 파티는 무슨 요일인가?
풀이 파티가 다음 주 화요일이라고 했으므로 화요일이 표시된 달력 그림 (A)
   가 답이다.
Words and Phrases when 언제 | party 파티 | next 다음 | Tuesday 화요일

15. B: What do you want to be?
    G: I want to be a singer.
    Q: What does the girl want to be?
    (A)
해석 소년: 너는 무엇이 되고 싶어?
   소녀: 나는 가수가 되고 싶어.
   질문: 소녀는 무엇이 되고 싶어 하는가?
풀이 가수가 되고 싶다고 했으므로 가수 그림 (A)가 답이다.
Words and Phrases want to be(come) ~가 되고 싶다

16. B: Today is my birthday. I have a birthday party at the
    park. I am happy because my friends are coming to my
    birthday party. I hope to see them soon!
    Q: Who is coming to the party?
    (A) friends
    (B) animals
    (C) grandparents
해석 소년: 오늘은 나의 생일이다. 나는 공원에서 생일 파티를 연다. 나는
   내 생일 파티에 내 친구들이 오기 때문에 행복하다. 빨리 그들을 보
   고 싶다!
   질문: 누가 파티에 오는가?
   (A) 친구들
   (B) 동물들
   (C) 조부모님들
풀이 친구들이 파티에 온다고 했으므로 (A)가 답이다.
Words and Phrases park 공원 | because ~ 때문에 | hope to ~하기를
   바라다 | soon 곧 | who 누가

17. G: There is a big doll in my bedroom. It is a pink doll and it looks like a rabbit. I always sleep with my doll. My rabbit doll is next to my bed.

Q: What color is the doll?

(A) green

(B) pink

(C) red

해석 소녀: 내 침실에는 커다란 인형이 하나 있다. 그것은 분홍색 인형이고 토끼처럼 생겼다. 나는 항상 내 인형과 같이 잔다. 내 토끼 인형은 내 침대 옆에 있다.

질문: 인형은 무슨 색깔인가?

(A) 초록색

(B) 분홍색

(C) 빨간색

풀이 분홍색 인형이라고 했으므로 (B)가 답이다.

Words and Phrases doll 인형 | bedroom 침실 | look like ~처럼 보이다 | rabbit 토끼 | always 항상, 늘 | with ~와 함께, 같이 | next to ~의 옆에

18. B: I love going to the beach. There are many people at the beach. Some people play ball, and other people swim in the sea.

Q: What do people do at the beach?

(A) play ball

(B) read books

(C) play with sand

해석 소년: 나는 해변에 가는 것을 좋아한다. 해변에는 많은 사람들이 있다. 몇몇 사람들은 공놀이하고 다른 사람들은 바다에서 수영한다.

질문: 사람들은 해변에서 무엇을 하는가?

(A) 공놀이하기

(B) 책 읽기

(C) 모래 장난하기

풀이 사람들이 해변에서 공놀이를 하거나 수영을 한다고 했으므로 (A)가 답이다.

Words and Phrases beach 해변 | many 많은 | play ball 공놀이를 하다 | other 다른 | people 사람들 | swim 수영하다 | sea 바다

19. G: Today, my friends and I have a cooking class. We make cakes. I put chocolate on my cake. My friend, Tom puts cherries on his cake. It is so fun.

Q: What does Tom put on his cake?

(A) cookies

(B) cherries

(C) chocolates

해석 소녀: 오늘, 내 친구들과 나는 요리 수업을 듣는다. 우리는 케이크를 만든다. 나는 내 케이크에 초콜릿을 얹는다. 내 친구 Tom은 그의 케이크에 체리를 얹는다. 그것은 매우 재미있다.

질문: Tom은 자신의 케이크에 무엇을 올리는가?

(A) 쿠키

(B) 체리

(C) 초콜릿

풀이 Tom은 케이크에 체리를 얹는다고 했으므로 (B)가 답이다.

Words and Phrases friend 친구 | cooking 요리 | class 수업 | cake 케이크 | put 넣다, 놓다

20. G: I get up at 7 o'clock every morning. I exercise with my brother for 10 minutes. I have breakfast with my family, and I go to school.

Q: When does she get up?

(A) 7 o'clock

(B) 9 o'clock

(C) 10 o'clock

해석 소녀: 나는 매일 아침 7시에 일어난다. 나는 10분 동안 내 남동생과 함께 운동한다. 나는 내 가족과 함께 아침 식사를 하고, 학교에 간다.

질문: 소녀는 언제 일어나는가?

(A) 7시

(B) 9시

(C) 10시

풀이 매일 아침 7시에 일어난다고 했으므로 (A)가 답이다.

Words and Phrases get up 일어나다 | every morning 매일 아침 | exercise 운동하다 | with ~와 함께, 같이 | for ~동안 | breakfast 아침 | family 가족 | go to school 등교하다

SECTION II READING AND WRITING

Part A. Sentence Completion (p.19)

1. _____ old are you?

(A) How

(B) What

(C) When

(D) Where

해석 너는 몇 살이니?

(A) 얼마나

(B) 어떤

(C) 언제

(D) 어디서

풀이 'how'는 형용사 앞에 쓰여 나이를 물을 때 쓰이므로 (A)가 답이다.

Words and Phrases old 나이가 ~인; 늙은; 낡은, 오래된

2. Can I use _____ phone?

(A) me

(B) you

(C) your

(D) yours

해석 너의 전화를 써도 될까?

(A) 나

(B) 너

(C) 너의

(D) 너의 것

풀이 'phone'을 꾸며주는 소유격이 와야 하므로 (C)가 답이다.
Words and Phrases use 쓰다, 사용하다

3. _____ do you do in the morning?
    (A) Are
    (B) What
    (C) Where
    (D) While
해석 너는 아침에 무엇을 하니?
    (A) ~이다
    (B) 무엇
    (C) 어디
    (D) ~동안
풀이 아침에 무엇을 하냐고 묻는 것이 자연스러우므로 의문사 (B)가 답이다.
Words and Phrases morning 아침

4. Grandma _____ the piano well.
    (A) play
    (B) plays
    (C) to play
    (D) playing
해석 할머니는 피아노를 잘 치신다.
    (A) 1, 2인칭 단수형 / 1, 2, 3인칭 복수형
    (B) 3인칭 단수형
    (C) to부정사
    (D) 현재분사
풀이 주어가 3인칭 단수 'Grandma'이므로 (B)가 정답이다.
Words and Phrases play 연주하다; 놀다

5. It's raining _____. Bring your umbrella.
    (A) heavy
    (B) heavily
    (C) heavier
    (D) heaviest
해석 비가 정말 많이 오고 있어. 네 우산을 가져가.
    (A) 많은[심한]
    (B) 부사
    (C) 비교급
    (D) 최상급
풀이 동사 'raining'을 뒤에서 수식하는 부사를 써야 하므로 (B)가 정답이다.
Words and Phrases umbrella 우산

Part B. Situational Writing (p.20)

6. She is eating _____.
    (A) an apple
    (B) a banana
    (C) a pumpkin
    (D) a watermelon
해석 소녀가 사과를 먹고 있다.

    (A) 사과 한 개
    (B) 바나나 한 개
    (C) 호박 한 개
    (D) 수박 한 개
풀이 소녀가 사과를 먹고 있으므로 답은 (A)이다.
Words and Phrases pumpkin 호박 | watermelon 수박

7. She is _____ a bike.
    (A) fixing
    (B) riding
    (C) playing
    (D) washing
해석 그녀는 자전거를 타고 있다.
    (A) 고치고 있는
    (B) 타고 있는
    (C) 연주하고 있는
    (D) 씻고 있는
풀이 소녀가 자전거를 타고 있으므로 (B)가 답이다.
Words and Phrases fix 수리하다; 고정시키다 | ride 타다 | wash 씻다

8. The cat is sitting _____ the roof.
    (A) on
    (B) under
    (C) beside
    (D) behind
해석 고양이가 지붕 위에 앉아 있다.
    (A) ~위에
    (B) ~아래에
    (C) ~옆에
    (D) ~뒤에
풀이 고양이가 지붕 위에 있으므로 (A)가 답이다.
Words and Phrases roof 지붕 | beside ~옆에 | behind ~뒤에

9. The kids are _____ TV.
    (A) singing
    (B) listening
    (C) speaking
    (D) watching
해석 아이들은 TV를 보고 있다.
    (A) 노래를 부르고 있는
    (B) 듣고 있는
    (C) 말하고 있는
    (D) 보고 있는
풀이 아이들이 모여서 TV를 보고 있으므로 (D)가 답이다.
Words and Phrases listen 듣다 | speak 말하다, 이야기하다

10. He is wearing blue _____.
    (A) pants
    (B) shoes
    (C) gloves
    (D) glasses
해석 그는 파란색 안경을 쓰고 있다.

(A) 바지

(B) 신발

(C) 장갑

(D) 안경

풀이 파란색 안경을 쓰고 있는 소년의 사진이므로 (D)가 답이다.

Words and Phrases wear 입다, 쓰다, 착용하다 | gloves 장갑

Part C. Reading and Retelling (p.22)

[11-12]

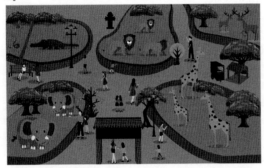

11. What is this place?

(A) It is a zoo.

(B) It is a store.

(C) It is a library.

(D) It is a kitchen.

12. How many giraffes are there?

(A) 1

(B) 2

(C) 3

(D) 4

해석 11. 이 장소는 어디인가?

(A) 동물원입니다.

(B) 상점입니다.

(C) 도서관입니다.

(D) 부엌입니다.

12. 기린은 몇 마리가 있는가?

(A) 1

(B) 2

(C) 3

(D) 4

풀이 다양한 동물들이 있는 것으로 보아 동물원인 것을 알 수 있다. 따라서 11번의 답은 (A)이다. 기린은 총 세 마리가 있으므로 12번의 답은 (C)이다.

Words and Phrases store 상점, 가게 | library 도서관

[13-14]

Kid's Fun Party
Let's Dance, Play Games, and Have Fun!

When: Saturday, August 25th, Doors Open at 4PM
Where: 123 Main Street, Greenway

Contact Us: funparty@mail.com
Phone: 123-456-7890

13. When does the party start?

(A) 1 PM

(B) 2 PM

(C) 3 PM

(D) 4 PM

14. What can you do at the party?

(A) eat pizza

(B) read books

(C) play games

(D) meet teachers

해석 아이들의 재밌는 파티
춤추고, 게임하고, 재미있게 놀아요!

토요일, 8월 25일, 오후 4시에 개방합니다.
123 중심가, Greensway

연락주세요: funparty@mail.com
전화번호: 123-456-7890

13. 파티는 언제 시작하는가?

(A) 오후 1시

(B) 오후 2시

(C) 오후 3시

(D) 오후 4시

14. 파티에서 무엇을 할 수 있는가?

(A) 피자를 먹는다

(B) 책을 읽는다

(C) 게임을 한다

(D) 선생님들을 만난다

풀이 오후 4시에 개방한다고 했으므로 13번의 답은 (D)이다. 파티에서 춤을 추고, 게임을 하고, 재미있게 놀자고 했으므로 14번의 답은 (C)이다.

Words and Phrases have fun 재미있게 놀다, 흥겨워하다 |
contact (전화,편지 등으로) 연락하다

[15-16]

15. How much is the pizza?
(A) $ 8
(B) $ 9
(C) $ 10
(D) $ 11

16. Where is Corner Cafe?
(A) next to the bus stop
(B) next to the school
(C) behind the school
(D) in front of the school

해석

모퉁이 카페 메뉴
모퉁이 카페는 Harryson 초등학교 옆에 있습니다.
전화번호: 070-9999-1234

음식	가격	음료	가격
버거	$3	커피	$2
스파게티	$5	콜라	$1
피자	$10	오렌지 주스	$2
수프	$2	포도 주스	$2

15. 피자는 얼마인가?
(A) $8
(B) $9
(C) $10
(D) $11

16. 모퉁이 카페는 어디 있는가?
(A) 버스정류장 옆에
(B) 학교 옆에
(C) 학교 뒤에
(D) 학교 앞에

풀이 피자는 $10라고 나와있으므로 15번의 답은 (C)이다. 모퉁이 카페는 Harryson 초등학교 옆에 있다고 했으므로 16번의 답은 (B)이다.
Words and Phrases corner 모퉁이, 코너 | price 가격 | next to ～옆에 | bus stop 버스정류장 | in front of ～앞에

[17-18]

My name is Ann. My grandpa and grandma are coming to my house. I love them very much. My mom is making an apple pie. My grandpa likes it very much. I am so happy to see them.

17. Who is coming to Ann's house?
(A) Ann's teacher
(B) Ann's friends
(C) Ann's parents
(D) Ann's grandparents

18. What does her grandpa like?
(A) cake
(B) apple pie
(C) vegetables
(D) orange juice

해석 내 이름은 Ann이다. 나의 할아버지와 할머니는 우리집으로 오고 계신다. 나는 그분들을 매우 사랑한다. 나의 엄마는 사과파이를 만들고 있다. 나의 할아버지께서 그것을 매우 좋아하신다. 나는 그분들을 뵙게 되어서 매우 행복하다.

17. 누가 Ann의 집으로 오고 있는가?
(A) Ann의 선생님
(B) Ann의 친구들
(C) Ann의 부모님
(D) Ann의 조부모님

18. 그녀의 할아버지는 무엇을 좋아하는가?
(A) 케이크
(B) 사과파이
(C) 채소
(D) 오렌지 주스

풀이 Ann의 할아버지와 할머니가 집으로 오고 계신다고 했으므로 17번의 답은 (D)이다. 엄마가 사과파이를 만들고 있고 할아버지께서 그것을 무척 좋아한다고 했으므로 18번의 답은 (B)이다.
Words and Phrases come 오다 | vegetable 채소

[19-20]

It's snowing now. My friends and I make a snowman. We make his eyes with little stones. We make a mouth with a stick. I put my yellow hat on the snowman. He looks funny.

19. How is the weather now?
(A) hot
(B) rainy
(C) sunny
(D) snowy

20. What are they making?
- (A) a ball
- (B) a boat
- (C) a monkey
- (D) a snowman

해석 지금은 눈이 오고 있다. 나의 친구들과 나는 눈사람을 만든다. 우리는 작은 돌멩이로 그의 눈을 만든다. 우리는 나무 막대기로 입을 만든다. 나는 내 노란 모자를 눈사람에게 씌운다. 그는 매우 재미있게 생겼다.

19. 지금 날씨는 어떤가?
- (A) 더운
- (B) 비가 오는
- (C) 화창한
- (D) 눈이 오는

20. 그들은 무엇을 만들고 있는가?
- (A) 공
- (B) 보트
- (C) 원숭이
- (D) 눈사람

풀이 지금은 눈이 오고 있다고 했으므로 19번의 답은 (D)이다. 친구들과 함께 돌멩이와 나뭇가지로 눈사람을 만들고 있다고 했으므로 20번의 답은 (D)이다.

Words and Phrases snow 눈; 눈이 오다(내리다) | little 작은 | stone 돌멩이 | stick 나뭇가지 | hat 모자

TOSEL STARTER

심화 2회

SECTION I LISTENING AND SPEAKING

Part A. Listen and Recognize (p.34)

1. B: Jeff is on the sofa.
　　(A)
해석 소년: Jeff가 소파 위에 있어.
풀이 소파 위에 있다고 했으므로 소파 그림 (A)가 답이다.
Words and Phrases on ~ 위에 | sofa 소파, 긴 의자

2. B: She is singing.
　　(A)
해석 소년: 그녀가 노래하고 있어.
풀이 노래를 하는 소녀 그림 (A)가 답이다.
Words and Phrases sing 노래하다

3. G: The fruit is on the table.
　　(C)
해석 소녀: 과일이 탁자 위에 있어.
풀이 탁자 위에 과일이 있는 그림 (C)가 답이다.
Words and Phrases fruit 과일 | on ~ 위에 | table 탁자

4. B: The girl is playing golf.
　　(B)
해석 소년: 소녀가 골프를 치고 있어.
풀이 골프를 치고 있는 소녀 그림 (B)가 답이다.
Words and Phrases play golf 골프를 치다

5. B: It's seven o'clock.
　　(C)
해석 소년: 7시야.
풀이 7시를 가리키는 시계 그림 (C)가 답이다.
Words and Phrases o'clock ～시

PART B. Listen and Respond (p.36)

6. B: Can I use your pen?
　　G: _____
　　(A) Yes, you can.
　　(B) Yes, I am sorry.
　　(C) No, it is my eraser.
해석 소년: 너의 펜을 써도 될까?
　　소녀: _____
　　(A) 응, 그래도 돼.
　　(B) 응, 미안해.
　　(C) 아니, 그건 내 지우개야.
풀이 펜을 써도 되는지 허락을 구하는 말에 그래도 된다고 동의하는 (A)가
　　답이다
Words and Phrases Can I ~? ~해도 될까? | eraser 지우개

7. B: Where is your sister?
　　G: _____
　　(A) She is good.
　　(B) She is not sick.
　　(C) She is in her room.
해석 소년: 너의 여동생은 어디 있어?
　　소녀: _____
　　(A) 그녀는 괜찮아.
　　(B) 그녀는 아프지 않아.
　　(C) 그녀는 자기 방에 있어.
풀이 여동생이 어딨는지 묻는 말에 장소를 알려주는 (C)가 답이다.
Words and Phrases good 좋은, 괜찮은 | sick 아픈 | in ~의 안에 |
　　　　　　　　　　room 방

8. W: What color is your hat?
　　M: _____
　　(A) It is black.
　　(B) It is small.
　　(C) It is two dollars.
해석 여자: 너의 모자는 무슨 색깔이야?
　　남자: _____
　　(A) 그건 검은색이야.
　　(B) 그건 크기가 작아.
　　(C) 그건 2달러야.
풀이 모자의 색깔을 묻는 말에 검은색이라고 색깔을 말하는 (A)가 답이다.
Words and Phrases hat 모자 | black 검은색 | small 작은 | dollar 달러

9. G: You look very happy.

B: _____

(A) No, they are big.

(B) Yes, it is small.

(C) It's my birthday.

해석 소녀: 너 되게 행복해 보인다.

소년: _____

(A) 아니, 그것들은 커.

(B) 응, 그건 작아.

(C) 내 생일이야.

풀이 행복해 보인다는 말에 자신의 생일이라며 행복한 이유를 알려주는 (C)가 답이다.

Words and Phrases look ~처럼 보이다 | very 매우, 아주

10. W: Can you pass me my bag?

B: _____

(A) Sure, I will.

(B) No, it's red.

(C) It is on Sunday.

해석 여자: 내 가방좀 건네줄 수 있겠니?

소년: _____

(A) 물론이죠, 그럴게요.

(B) 아뇨, 그건 빨간색이에요.

(C) 일요일에 있어요.

풀이 가방을 건네 달라고 부탁하는 말에 그러겠다고 답하는 (A)가 답이다.

Words and Phrases Can you ~? ~ 해줄 수 있어? | pass A B B를 A에게 건네주다 | bag 가방 | red 빨간색 | on (시간을 나타내어) ~에 | Sunday 일요일

Part C. Listen and Retell (p.37)

11. B: How old is your brother?

G: He is ten years old.

Q: How old is the girl's brother?

(B)

해석 소년: 네 남동생은 몇 살이야?

소녀: 그는 10살이야.

질문: 소녀의 남동생은 몇 살인가?

풀이 10살이라고 했으므로 (B)가 답이다.

Words and Phrases how old 몇 살

12. G: I go to play soccer on Saturdays.

B: Wow, it must be really fun!

Q: What does the girl do on Saturdays?

(B)

해석 소녀: 난 토요일마다 축구하러 가.

소년: 와, 그거 정말 재밌겠다!

질문: 소녀는 토요일마다 무엇을 하는가?

풀이 축구를 한다고 했으므로 (B)가 답이다.

Words and Phrases on Saturdays 토요일마다 | must be 반드시 ~일 것이다

13. B: I walk to school.

G: I ride a bicycle to school.

Q: How does the girl go to school?

(B)

해석 소년: 나는 학교에 걸어가.

소녀: 나는 학교에 자전거를 타고가.

질문: 소녀는 학교에 어떻게 가는가?

풀이 소녀는 학교에 자전거를 타고 간다고 했으므로 답은 (B)이다.

14. G: Where is my music book?

B: I saw it in your bag.

Q: What is the girl looking for?

(B)

해석 소녀: 내 음악책 어디 있어?

소년: 네 가방 안에서 그걸 보았어.

질문: 소녀는 무엇을 찾고 있는가?

풀이 음악책을 찾고 있으므로 음표가 있는 책 그림 (B)가 답이다.

Words and Phrases music 음악 | see 보다

15. B: That's a pretty cat. What's its name?

G: His name is "Kitty".

Q: Who is "Kitty"?

(A)

해석 소년: 예쁜 고양이네. 이름이 뭐야?

소녀: 그의 이름은 Kitty야.

질문: Kitty는 누구인가?

풀이 처음 소년의 말에서 Kitty가 고양이임을 알 수 있으므로 고양이 그림 (A)가 답이다.

Words and Phrases pretty 예쁜, 귀여운 | cat 고양이 | who 누구

16. B: I like summer. I like playing outside in summer. I can go swimming on the beach. Sometimes, I make sand castles with my brother. It is a lot of fun.

Q: What season does the boy like?

(A) spring

(B) summer

(C) winter

해석 소년: 나는 여름이 좋다. 나는 여름에 밖에서 노는 걸 좋아한다. 나는 해변에 수영하러 갈 수 있다. 가끔, 나는 내 남동생과 함께 모래 성들을 만든다. 그것은 매우 재미있다.

질문: 소년은 어떤 계절을 좋아하는가?

(A) 봄

(B) 여름

(C) 겨울

풀이 여름이 좋다고 했으므로 (B)가 답이다.

Words and Phrases summer 여름 | outside 밖에, 밖에서 | go swimming 수영하러 가다 | beach 해변 | sand 모래 | castle 성 | a lot of 많은 | fun 재미; 재밌는

17. G: It's my friend's birthday. Her name is Anna. Anna likes pink. I want to get her a pink bear as a birthday present. I am excited to go to her birthday party.

Q: What will the girl get Anna for her birthday?

(A) a pink dress

(B) a pink bear

(C) a pink notebook

해석 소녀: 내 친구의 생일이다. 그녀의 이름은 Anna이다. Anna는 분홍색을 좋아한다. 나는 생일 선물로 그녀에게 분홍 곰을 주고 싶다. 나는 그녀의 생일 파티에 가게 되어 신난다.

질문: 소녀는 생일에 Anna에게 무엇을 줄 것인가?

(A) 분홍 드레스

(B) 분홍 곰

(C) 분홍 공책

풀이 분홍 곰을 주고 싶다고 했으므로 (B)가 답이다.

Words and Phrases pink 분홍색 | get A B A에게 B를 (얻어)주다 | bear 곰 | excited 신난, 흥분한 | notebook 공책

18. B: There is a large library in my school with many books. There are story books, science books, and music books. I like to go to the library.

Q: What is the boy talking about?

(A) the park

(B) a store

(C) the library

해석 소녀: 우리 학교에는 많은 책들이 있는 큰 도서관이 있다. 그곳에는 이야기책, 과학책, 그리고 음악책들이 있다. 나는 도서관에 가는 것을 좋아한다.

질문: 소년은 무엇에 관해 말하고 있는가?

(A) 공원

(B) 가게

(C) 도서관

풀이 책이 많이 있는 학교 도서관에 관해 말하고 있으므로 (C)가 답이다.

Words and Phrases large 큰 | library 도서관 | story 이야기 | science 과학 | like to do something ~하는 것을 좋아하다 | store 가게, 상점

19. W: Good morning class. Today is Tuesday. We have music class today. Please stand up and go to the music room.

Q: Which class do the students have on Tuesday?

(A) music

(B) today

(C) morning

해석 여자: 좋은 아침입니다 학생 여러분. 오늘은 화요일입니다. 우리는 오늘 음악 수업이 있습니다. 일어나서 음악실로 가주세요.

질문: 학생들은 화요일에 어떤 수업을 듣는가?

(A) 음악

(B) 오늘

(C) 아침

풀이 오늘은 화요일이고 음악 수업이 있다고 했으므로 (A)가 답이다.

Words and Phrases Good morning 좋은 아침입니다 | music class 음악 수업 | stand up 일어나다 | which 어느, 어떤

20. B: My name is Jim. I go to see the movies on Saturdays. I go there with my family. I like movies that have lots of animals. My sister likes cartoons.

Q: What kind of movies does Jim's sister like?

(A) family

(B) animal

(C) cartoons

해석 소년: 내 이름은 Jim이다. 나는 토요일마다 영화를 보러 간다. 나는 거기에 내 가족과 함께 간다. 나는 동물이 많이 나오는 영화를 좋아한다. 내 여동생은 만화를 좋아한다.

질문: Jim의 여동생은 어떤 종류의 영화를 좋아하는가?

(A) 가족

(B) 동물

(C) 만화

풀이 만화를 좋아한다고 했으므로 (C)가 답이다.

Words and Phrases go to see the movies 영화 보러 가다 | there 거기에 | lots of 많은 | cartoon 만화 | kind (of) 종류

SECTION II READING AND WRITING

Part A. Sentence Completion (p.41)

1. How are _____?

(A) I

(B) my

(C) you

(D) your

해석 잘 지냈어?

(A) 나

(B) 나의

(C) 너

(D) 너의

풀이 빈칸엔 주격 대명사가 들어가야 하고, 2인칭 be 동사가 쓰였으므로 (C)가 답이다.

2. _____ you like oranges?

(A) Does

(B) Do

(C) Are

(D) Is

해석 너는 오렌지를 좋아하니?

(A) do 동사(3인칭 단수형)

(B) do 동사(1인칭, 2인칭)

(C) be 동사(복수형)

(D) be 동사(3인칭 단수형)

풀이 주어가 'you'로 2인칭 대명사이기 때문에 (B)가 답이다.

3. _____ you speak English?

(A) Be
(B) Are
(C) Can
(D) Being

해석 너는 영어를 할 수 있니?

(A) Be동사원형
(B) Be동사 2인칭 단수 / 1, 2, 3인칭 복수
(C) 조동사 Can
(D) Be동사의 현재분사

풀이 영어라는 언어를 할 수 있는지 물어보고 있으므로 (C)가 답이다.

4. I _____ ten years old.

(A) is
(B) be
(C) am
(D) are

해석 나는 10살이야.

(A) 3인칭 단수
(B) be동사원형
(C) 1인칭 단수
(D) 2인칭 단수 / 1, 2, 3인칭 복수

풀이 주어가 1인칭 단수이므로 (C)가 답이다.

Words and Phrases old 나이가 ~인; 낡은

5. I get _____ at six every day.

(A) in
(B) on
(C) up
(D) to

해석 나는 매일 6시에 일어나.

(A) ~안에
(B) ~위에
(C) ~위에
(D) ~까지

풀이 '일어나다'라는 표현은 'get up'을 사용하므로 (C)가 답이다.

Words and Phrases get up 일어나다

Part B. Situational Writing (p.42)

6. The boy is _____ his toys.

(A) eating
(B) cleaning
(C) coloring
(D) climbing

해석 그 소년은 그의 장난감들을 치우고 있다.

(A) 먹고 있는
(B) **치우고 있는**
(C) 색칠하고 있는
(D) 올라가고 있는

풀이 소년이 장난감들을 상자에 담고 있으므로 (B)가 답이다.

Words and Phrases clean 치우다 | color 색칠하다; 색 | climb 오르다, 등산하다

7. A man is riding a _____.

(A) car
(B) dog
(C) **horse**
(D) dragon

해석 남자는 말을 타고 있다.

(A) 차
(B) 개
(C) 말
(D) 용

풀이 남자가 말에 올라타 있으므로 (C)가 답이다.

Words and Phrases horse 말

8. The boy is _____ on the computer.

(A) sitting
(B) putting
(C) walking
(D) **working**

해석 그 소년은 컴퓨터로 일하고 있다.

(A) 앉아 있는
(B) 입고 있는
(C) 걷고 있는
(D) 일하고 있는

풀이 소년이 컴퓨터를 사용하고 있으므로 (D)가 답이다.

Words and Phrases sit on ~에 앉다 | put on ~을 입다 | work 일하다

9. It is _____ outside.

(A) hot
(B) **cold**
(C) warm
(D) rainy

해석 밖은 추워.

(A) 더운
(B) 추운
(C) 따뜻한
(D) 비가 오는

풀이 소년이 떨고 있으므로 (B)가 답이다.

Words and Phrases warm 따뜻한

10. The girl wears _____.

    (A) white socks

    (B) yellow shoes

    (C) a purple shirt

    (D) a yellow shirt

해석 그 소녀는 노란색 셔츠를 입었다.

    (A) 흰 양말

    (B) 노란 신발

    (C) 보라색 셔츠

    (D) 노란색 셔츠

풀이 소녀는 노란색 셔츠를 입고 있으므로 (D)가 답이다.

Words and Phrases purple 보라색

Part C. Reading and Retelling (p.44)

[11–12]

11. How many students are in the picture?

    (A) 2

    (B) 3

    (C) 4

    (D) 5

12. What is the teacher looking at?

    (A) a pen

    (B) a book

    (C) a globe

    (D) a board

해석 11. 그림에는 몇 명의 학생이 있는가?

    (A) 2

    (B) 3

    (C) 4

    (D) 5

12. 선생님은 무엇을 보고 있는가?

    (A) 펜

    (B) 책

    (C) 지구본

    (D) 칠판

풀이 선생님 한 분과 세 명의 학생들이 있으므로 11번의 답은 (B)이다. 선생님은 책상 위에 있는 지구본을 보고 있으므로 12번의 답은 (C)이다.

Words and Phrases look at ~을 보다, 살피다 | globe 지구본

[13–14]

My Family Birthdays					
Me	Mom	Dad	Grandpa	Grandma	Sister
September 5	November 17	April 10	August 25	January 9	December 12

13. Who was born in January?

    (A) Mom

    (B) Dad

    (C) Sister

    (D) Grandma

14. When is "my" birthday?

    (A) April 10

    (B) August 25

    (C) September 5

    (D) December 12

해석

우리 가족의 생일					
나	엄마	아빠	할아버지	할머니	동생
9월 5일	11월 17일	4월 10일	8월 25일	1월 9일	12월 12일

13. 1월에 태어난 사람은 누구인가?

    (A) 엄마

    (B) 아빠

    (C) 동생

    (D) 할머니

14. "나의" 생일은 언제인가?

    (A) 4월 10일

    (B) 8월 25일

    (C) 9월 5일

    (D) 12월 12일

풀이 할머니 생신은 '1월 9일'이라고 했으므로 13번의 답은 (D)이다. 나의 생일은 '9월 5일'이라고 했으므로 14번의 답은 (C)이다. (A)는 아빠의, (B)는 할아버지의, (D)는 동생의 생일이다.

Words and Phrases September 9월 | November 11월 | April 4월 | August 8월 | January 1월 | December 12월

[15–16]

15. What day is the party?
    (A) August
    (B) Sunday
    (C) birthday
    (D) Saturday

16. What kind of party is it?
    (A) kids' party
    (B) Easter party
    (C) Christmas party
    (D) Halloween party

해석

| 8월 15일 일요일 오후 2시부터 오후 4시 |
| 아이들의 파티 |

15. 파티는 무슨 요일인가?
(A) 8월
(B) 일요일
(C) 생일
(D) 토요일

16. 어떤 종류의 파티인가?
(A) 아이들의 파티
(B) 부활절 파티
(C) 크리스마스 파티
(D) 할로윈 파티

풀이 파티는 8월 15일 일요일이라고 했으므로 15번의 답은 (B)이다. 아이들의 파티라고 했으므로 16번의 답은 (A)이다.
Words and Phrases Easter 부활절

[17–18]

My name is Jill. Today is a special day. I have a soccer game. My team is all wearing red uniforms. My family is coming to the game, too. They will watch the game. I am very excited.

17. Where is Jill going today?
    (A) to school
    (B) to a party
    (C) to family dinner
    (D) to a soccer game

18. What color is Jill's uniform?
    (A) red
    (B) blue
    (C) white
    (D) green

해석 내 이름은 제이다. 오늘은 특별한 날이다. 나는 축구 경기가 있다. 우리 팀은 모두 빨간색 유니폼을 입고 있다. 우리 가족도 경기를 보러 온다. 그들은 경기를 관람할 것이다. 나는 매우 흥분된다.

17. Jill은 오늘 어디에 가는가?
(A) 학교에
(B) 파티에
(C) 가족 저녁식사에
(D) 축구 경기에

18. Jill의 유니폼은 무슨 색인가?
(A) 빨간색
(B) 파란색
(C) 흰색
(D) 초록색

풀이 Jill이 오늘 축구 경기가 있다고 했으므로 17번의 답은 (D)이다. Jill의 팀은 모두 빨간색 유니폼을 입고 있다고 했으므로 18번의 답은 (A)이다.
Words and Phrases special 특별한 | uniform유니폼, 제복

[19–20]

My mom likes roses. She likes pink and white roses. My dad buys her roses on Mom's birthday. He gives her 5 pink roses and 5 white roses. She has a big smile on her face. She looks very happy.

19. What flowers does Mom like?
    (A) roses
    (B) lilies
    (C) daisies
    (D) sunflowers

20. How many pink roses does Dad buy?
    (A) 5
    (B) 15
    (C) 25
    (D) 35

해석 우리 엄마는 장미를 좋아한다. 그녀는 분홍색과 흰색 장미를 좋아한다. 우리 아빠는 엄마의 생일날 그녀에게 장미를 사준다. 그는 그녀에게 분홍색 장미 5송이와 흰색 장미 5송이를 준다. 그녀는 크게 미소 짓는다. 그녀는 매우 행복해 보인다.

19. 엄마는 어떤 꽃을 좋아하는가?
(A) 장미
(B) 백합
(C) 데이지
(D) 해바라기

20. 아빠는 분홍색 장미를 몇 송이 사는가?

(A) 5

(B) 15

(C) 25

(D) 35

풀이 엄마는 장미를 좋아하신다고 했으므로 19번의 답은 (A)이다. 아빠는 분홍색 장미 5송이와 흰색 장미 5송이를 산다고 했으므로 20번의 답은 (A)이다.

Words and Phrases have a smile on one's face 웃는 얼굴을 하다,

미소를 띠다 | lily 백합

TOSEL STARTER
심화 3회

SECTION I LISTENING AND SPEAKING

Part A. Listen and Recognize (p.56)

1. G: Robby is reading a book.
(A)
해석 소녀: Robby는 책을 읽고 있어.
풀이 책을 읽고 있는 소년 그림 (A)가 답이다.
Words and Phrases read 읽다 | book 책

2. B: There are oranges in the basket.
(B)
해석 소년: 바구니 안에 오렌지가 있어.
풀이 바구니 안에 오렌지가 있는 그림 (B)가 답이다.
Words and Phrases there is/are ～가 있다 | orange 오렌지 |
basket 바구니

3. G: It's Saturday, March 1st.
(C)
해석 소녀: 3월 1일 토요일이야.
풀이 3월 1일이 토요일인 달력 그림 (C)가 답이다.
Words and Phrases Saturday 토요일 | March 3월

4. B: It's rainy and cloudy today.
(C)
해석 소년: 오늘은 비가 오고 구름이 꼈어.
풀이 창문 밖으로 비가 오고 구름이 낀 그림 (C)가 답이다.
Words and Phrases rainy 비가 내리는 | cloudy 바람이 부는 | today 오늘

5. B: Sarah is riding a bike.
(C)
해석 소년: Sarah는 자전거를 타고 있어.
풀이 자전거를 타고 있는 소녀 그림 (C)가 답이다.
Words and Phrases ride a bike[bicycle] 자전거 타다

Part B. Listen and Respond (p.58)

6. G: How old are you?
B: _____
(A) I'm ten years old.
(B) I'm very well.
(C) It's Sunday.
해석 소녀: 너는 몇 살이야?
소년: _____
(A) 난 10살이야.
(B) 나는 아주 잘 지내.
(C) 일요일이야.
풀이 몇 살인지 묻는 말에 나이를 말하는 (A)가 답이다.
Words and Phrases How old are you? 몇 살이야? |
very well 아주 잘 지내는

7. B: I'm very hungry.
G: _____
(A) Let's make a snowman.
(B) Let's wear something warm.
(C) Let's get something to eat.
해석 소년: 나 너무 배고파.
소녀: _____
(A) 눈사람을 만들자.
(B) 따뜻한 걸 입자.
(C) 뭘 좀 먹자.
풀이 배고프다는 말에 무언가를 먹자고 하는 (C)가 답이다.
Words and Phrases hungry 배고픈 | make 만들다 | snowman 눈사람 |
wear 입다 | Let's do something ～을 하자 |
something ～한 어떤 것

8. G: Where's Mr. Jay from?
B: _____
(A) He's from the US.
(B) He lives in the house.
(C) He makes music.
해석 소녀: Jay 선생님은 어디서 오셨어?
소년: _____
(A) 그는 미국에서 오셨어.
(B) 그는 그 집에서 사셔.
(C) 그는 음악을 만드셔.
풀이 Jay 선생님이 어디서 왔는지 묻는 말에 미국에서 왔다고 출신을 알려
주는 (A)가 답이다.
Words and Phrases be from ～에서 오다, ～ 출신이다 | live in ～에서
살다 | music 음악

9. B: Can I get some cookies?

    G: _____

        (A) Sure, you can.

        (B) Thank you so much.

        (C) It's great to see you.

해석 소년: 쿠키 좀 먹을 수 있을까요?

     소녀: _____

     (A) 물론, 그럴 수 있어.

     (B) 정말 고마워

     (C) 만나서 반가워.

풀이 쿠키를 먹을 수 있는지 묻는 말에 그럴 수 있다고 답하는 (A)가 답이다.

Words and Phrases Can I get some ~? ~ 좀 먹을 수(얻을 수) 있을까요? | sure 물론 | It's great to see you 만나서 반갑습니다

10. W: Please clean your room.

    B: _____

        (A) Just a minute.

        (B) Okay, you are.

        (C) I'm not sure.

해석 여자: 네 방을 치우렴.

     소년: _____

     (A) 잠시만요.

     (B) 알았어요. 그러세요.

     (C) 전 확실하지 않아요.

풀이 방을 치우라는 말에 잠깐 있다가 하겠다고 답할 수 있으므로 (A)가 답이다.

Words and Phrases clean 치우다, 청소하다 | Just a minute 잠깐만, 잠시만 | sure 확실한

Part C. Listen and Retell (p.59)

11. B: What is that?

    G: That's my new doll.

    Q: What are they looking at?

        (B)

해석 소년: 저건 뭐야?

     소녀: 그건 내 새 인형이야.

     질문: 그들은 무엇을 보고 있는가?

풀이 소녀의 말에서 인형임을 알 수 있으므로 인형 그림 (B)가 답이다.

Words and Phrases doll 인형 | look at ~을 보다

12. G: Can you go to the movies tonight?

    B: Sure, I'd love to!

    Q: Where are they going tonight?

        (B)

해석 소녀: 오늘 밤에 영화 보러 갈 수 있어?

     소년: 당연히 좋지!

     질문: 그들은 오늘 밤에 어디에 가는가?

풀이 영화를 보러 영화관에 갈 것이므로 영화관 그림 (B)가 답이다.

Words and Phrases go to the movies 영화 보러 가다. 영화관에 가다 | I'd love to 그러고 싶어

13. B: What do you do on Saturdays?

    G: I play soccer.

    Q: What does the girl do on Saturdays?

        (C)

해석 소년: 너는 토요일마다 무엇을 해?

     소녀: 축구를 해.

     질문: 소녀는 토요일마다 무엇을 하는가?

풀이 축구를 한다고 했으므로 골대에 축구공이 들어가고 있는 그림 (C)가 답이다.

Words and Phrases on Saturdays 토요일마다

14. G: Do you have the time?

    B: Yes, it's almost 12 o'clock.

    Q: What time is it now?

        (B)

해석 소녀: 지금 몇 시인지 알아?

     소년: 응. 거의 12시야.

     질문: 지금은 몇 시인가?

풀이 12시를 가리키는 (B)가 답이다.

Words and Phrases Do you have the time? 지금 몇 시인지 알아?. 지금 몇 시야?

15. B: Mom, what color is my new bag?

    W: It's blue.

    Q: What color is the boy's bag?

        (A)

해석 소년: 엄마, 제 새 가방은 무슨 색이에요?

     여자: 파란색이란다.

     질문: 소년의 가방은 무슨 색인가?

풀이 파란색이라고 했으므로 파란 가방 그림 (A)가 답이다.

Words and Phrases new 새, 새로운 | bag 가방 | color 색, 색깔

16. B: It's very windy outside. It's going to rain soon. I go to school with my new red umbrella, yellow boots, and a blue raincoat!

    Q: What color is boy's raincoat?

    (A) red

    (B) blue

    (C) yellow

해석 소년: 밖에 바람이 많이 분다. 곧 비가 내릴 것이다. 나는 새로운 빨간 우산, 노란색 부츠, 파란색 비옷을 갖추고 학교에 간다!

     질문: 소년의 비옷은 무슨 색인가?

     (A) 빨간색

     (B) 파란색

     (C) 노란색

풀이 파란색 비옷을 입고 학교에 간다고 했으므로 (B)가 답이다.

Words and Phrases very 아주, 매우 | windy 바람이 부는 | rain 비가 내리다 | soon 곧 | umbrella 우산 | boots 부츠 | raincoat 비옷

17. G: There are five people in my family. My dad, mom, older sister Emily, younger brother Fred and me. My sister is twelve, and my brother is five.

Q: How old is Fred?

(A) 5

(B) 8

(C) 12

해석 소녀: 우리 가족은 5명이다. 우리 아빠, 엄마, Emily 언니, 남동생 Fred, 그리고 내가 있다. 언니는 12살이고, 남동생은 5살이다.

질문: Fred는 몇 살인가?

(A) 5

(B) 8

(C) 12

풀이 Fred는 소녀의 남동생이고 남동생은 5살이라고 했으므로 (A)가 답이다.

Words and Phrases older sister 누나, 언니 | twelve 12, 열둘

18. B: My dad is a cook. He works at an Italian restaurant. He cooks at home on the weekend. He makes the best spaghetti and pizza. They are very delicious!

Q: Where does the boy's dad work?

(A) at home

(B) at school

(C) at a restaurant

해석 소년: 우리 아빠는 요리사이다. 그는 이탈리아 식당에서 일하신다. 주말에는 집에서 요리하신다. 그는 최고의 스파게티와 피자를 만드신다. 그것들은 매우 맛있다!

질문: 소년의 아빠는 어디서 일하는가?

(A) 집에서

(B) 학교에서

(C) 식당에서

풀이 이탈리아 식당에서 일한다고 했으므로 (C)가 답이다 (A)의 경우, 아빠가 집에서 요리하긴 하지만 일로써 한다는 말은 언급되지 않았으므로 오답이다.

Words and Phrases cook 요리사; 요리하다 | Italian 이탈리아의 | restaurant 식당 | at home 집에서 | on the weekend 주말에 | best 최고의 | spaghetti 스파게티 | delicious 맛있는

19. W: Attention students. This is your principal speaking. Today is our school's Sports Day. Please come to the gym and find your class's seats. Let's have fun!

Q: Which event does the school have today?

(A) Book Sale

(B) Sports Day

(C) Graduation

해석 여자: 학생 여러분 주목 바랍니다. 교장 선생님이 전합니다. 오늘은 학교의 운동회 날입니다. 체육관으로 와서 여러분 학급 좌석을 찾으세요. 오늘 재밌는 시간을 보냅시다!

질문: 오늘 학교에는 어떤 행사가 있는가?

(A) 책 판매

(B) 운동회

(C) 졸업식

풀이 오늘은 운동회라고 했으므로 (B)가 답이다.

Words and Phrases attention 주목 | principal 교장, 학장; 주요한 | This is ~ speaking ~가 전합니다(말합니다) | gym 체육관 | class 학급 | seat 좌석 | Let's have fun 즐겁게 보내자 | event 행사, 사건 | today 오늘 | sale 판매, 세일 | graduation 졸업, 졸업식

20. B: My pet's name is Polly. She can fly. She is red and yellow. She is very large and noisy. I say hello, and she says hello back. I love talking to her.

Q: What kind of animal is Polly?

(A) a dog

(B) a parrot

(C) a hamster

해석 소년: 내 애완동물의 이름은 Polly이다. 그녀는 날 수 있다. 그녀는 빨갛고 노랗다. 그녀는 크기가 매우 크고 시끄럽다. 내가 안녕이라고 말하면 그녀는 다시 안녕이라고 말한다. 나는 그녀에게 이야기하는 걸 좋아한다.

질문: Polly는 어떤 종류의 동물인가?

(A) 개

(B) 앵무새

(C) 햄스터

풀이 날 수 있다는 점에서 새의 한 종류라는 걸 추측할 수 있고, 더 나아가 말을 할 수 있다는 점에서 앵무새라는 것을 유추할 수 있으므로 (B)가 답이다.

Words and Phrases pet 애완동물 | fly 날다 | large 큰 | noisy 시끄러운 | say hello 인사하다 | talk to ~에게 말하다 | animal 동물 | parrot 앵무새 | hamster 햄스터

SECTION II READING AND WRITING

Part A. Sentence Completion (p.63)

1. _____ are you?

(A) How

(B) Why

(C) When

(D) Which

해석 잘 지냈어?

(A) 어떻게

(B) 왜, 어째서

(C) 언제

(D) 어느[어떤]

풀이 안부를 묻는 표현이므로 (A)가 답이다.

2. _____ time is it?

(A) How

(B) Who

(C) When

(D) What

해석 지금 몇 시야?
  (A) 어떻게
  (B) 누구
  (C) 언제
  (D) 무엇
풀이 몇 시인지 묻는 표현이므로 (D)가 답이다.

3. This book is _____.
  (A) I
  (B) my
  (C) me
  (D) mine
해석 이 책은 내 것이야.
  (A) 나
  (B) 나의
  (C) 나를
  (D) 나의 것
풀이 보어자리에 쓰일 수 있으면서 의미상 적절한 소유격 대명사 (D)가 답이다.

4. Can you _____ the door?
  (A) close
  (B) closes
  (C) closer
  (D) closest
해석 문을 닫아 줄 수 있겠니?
  (A) 동사원형
  (B) 3인칭 단수
  (C) 비교급
  (D) 최상급
풀이 조동사 can을 활용한 의문문은 조동사 + 주어 + 동사원형 순이므로 (A)가 답이다.
Words and Phrases close 닫다; 가까운

5. I _____ two brothers.
  (A) is
  (B) am
  (C) has
  (D) have
해석 나는 두 명의 남동생이 있어.
  (A) be 동사 (3인칭 단수형)
  (B) be 동사 (1인칭)
  (C) have (3인칭 단수형)
  (D) have (1,2인칭)
풀이 문맥상 형제가 있다는 표현으로 1인칭 주어 'I'에 쓰일 수 있는 (D)가 답이다.

Part B. Situational Writing (p.64)

6. The cat is _____ the pillow.
  (A) standing on
  (B) standing up
  (C) sleeping on
  (D) sleeping up
해석 그 고양이는 베개 위에서 자고 있다.
  (A) ~위에 서 있는
  (B) 일어서는
  (C) ~위에서 자고 있는
  (D) 위로 자고 있는
풀이 고양이가 베개 위에서 자고 있으므로 (C)가 답이다.
Words and Phrases stand 서다, 서 있다; 일어서다

7. Jenny is _____ about food.
  (A) eating
  (B) looking
  (C) leaving
  (D) thinking
해석 Jenny는 음식에 대해서 생각하고 있다.
  (A) 먹고 있는
  (B) 보고 있는
  (C) 떠나고 있는
  (D) 생각하고 있는
풀이 소녀가 피자를 떠올리고 있으므로 (D)가 답이다.
Words and Phrases think about ~에 대해 생각하다 | leave 떠나다; 남겨두다

8. The boy is _____ the window.
  (A) giving
  (B) closing
  (C) opening
  (D) cleaning
해석 그 소년은 창문을 닦고 있다.
  (A) 주고 있는
  (B) 닫고 있는
  (C) 열고 있는
  (D) 닦고 있는
풀이 소년이 창문을 닦고 있으므로 (D)가 답이다.

9. The boy _____ the light.
  (A) gets off
  (B) puts off
  (C) turns off
  (D) pushes off
해석 소년은 불을 끈다.
  (A) 내리다
  (B) 미루다
  (C) 끄다
  (D) 밀어내다

10. The girl has _____.

    (A) short hair

    (B) black hair

    (C) curly hair

    (D) straight hair

해석 그녀는 곱슬머리를 가지고 있다.

    (A) 단발머리

    (B) 까만 머리

    (C) 곱슬머리

    (D) 생머리

풀이 소녀는 곱슬거리는 긴 머리를 가지고 있으므로 (C)가 답이다.

Words and Phrases curly 곱슬곱슬한 | straight 곧은

Part C. Reading and Retelling (p.66)

[11-12]

11. What place is this picture?

    (A) a road

    (B) a library

    (C) a coffee shop

    (D) a supermarket

12. How many students are waiting in line?

    (A) 1

    (B) 3

    (C) 4

    (D) 8

해석 11. 이 그림은 어디인가?

    (A) 길

    (B) 도서관

    (C) 커피숍

    (D) 슈퍼마켓

    12. 몇 명의 학생들이 줄을 서고 있는가?

    (A) 1

    (B) 3

    (C) 4

    (D) 8

풀이 아이들이 책을 들고 줄을 서고 있는 것으로 보아 도서관임을 알 수 있으므로 11번의 답은 (B)이다. 4명의 아이들이 줄을 서고 있으므로 12번의 답은 (C)이다.

Words and Phrases wait in line 줄을 서서 기다리다

[13-14]

Julie's Schedule			
7:00AM	Brush teeth	10:00AM	Draw pictures
8:00AM	Eat breakfast	2:00PM	
9:00AM	Read books	3:00PM	Play with dolls
		9:00PM	Go to bed

13. What time does Julie go to bed?

    (A) 8:00 AM

    (B) 9:00 AM

    (C) 3:00 PM

    (D) 9:00 PM

14. What does Julie do at 2:00 PM?

    (A) play tennis

    (B) go to school

    (C) play with a cat

    (D) go to the market

해석

Julie의 일과
오전 7:00 이 닦기
오전 8:00 아침 식사
오전 9:00 책 읽기
오전 10:00 그림 그리기
오후 2:00 테니스 치기
오후 3:00 인형가지고 놀기
오후 9:00 잠자기

13. Julie는 몇시에 자러 가는가?

    (A) 오전 8:00

    (B) 오전 9:00

    (C) 오후 3:00

    (D) 오후 9:00

14. Julie는 오후 2시에 무엇을 하는가?

    (A) 테니스 치기

    (B) 학교 가기

    (C) 고양이와 놀아주기

    (D) 시장에 가기

풀이 Julie는 오후 9시에 자러 간다고 했으므로 13번의 답은 (D)이다. 일과표에서 2시에는 테니스를 치고 있으므로 14번의 답은 (A)이다.

Words and Phrases brush teeth 이를 닦다 | draw 그리다 | doll 인형

[15–16]

15. How old is Jack?
(A) 4
(B) 8
(C) 10
(D) 12

16. When is the party?
(A) in July
(B) on the 25th
(C) at ten PM
(D) on Saturday

해석

생일 축하합니다
Jack의 10번째 생일파티에 당신을 초대합니다.
일요일, 6월 25일 오후 6시

15. Jack은 몇살인가?
(A) 4
(B) 8
(C) 10
(D) 12

16. 파티는 언제인가?
(A) 7월
(B) 25일
(C) 오후 10시
(D) 토요일

풀이 Jack의 10번째 생일파티에 초대한다고 했으므로 Jack은 10살인 것을 알 수 있다. 따라서 15번의 답은 (C)이다. 파티는 6월 25일 일요일 오후 6시에 한다고 했으므로 16번의 답은 (B)이다.
Words and Phrases invite 초대하다 | June 6월

[17–18]

I do not feel very good today. My ear really hurts, and my nose is red. I also have a fever. I go to see a doctor. The doctor says I have a cold. I should take some medicine and stay in bed all day. I cannot play outside.

17. How does the writer feel?
(A) sick
(B) good
(C) happy
(D) excited

18. What did the doctor NOT say to the writer?
(A) He/She has a cold.
(B) He/She has to stay in bed all day.
(C) He/She has to take some medicine.
(D) He/She should play outside all day.

해석 나는 오늘 몸이 별로 좋지 않다. 귀가 정말 아프고, 코는 빨갛다. 그리고 난 열이 있다. 나는 의사선생님을 찾아간다. 의사선생님은 내가 감기에 걸렸다고 말한다. 나는 약을 먹고 침대에 하루종일 있어야 한다. 나는 밖에서 놀 수 없다.

17. 글쓴이의 기분은 어떤가?
(A) 아픈
(B) 좋은
(C) 행복한
(D) 흥분되는

18. 의사가 글쓴이에게 말하지 않은 것은 무엇인가?
(A) 그/그녀가 감기에 걸렸다.
(B) 그/그녀가 하루종일 침대에 있어야 한다.
(C) 그/그녀가 약을 먹어야 한다.
(D) 그/그녀가 하루종일 밖에서 놀아야 한다.

풀이 글쓴이가 오늘은 기분이 좋지 않고 귀와 코가 아프다며 의사를 찾아간 것을 통해 아프다는 것을 알 수 있다. 따라서 17번의 답은 (A)이다. 의사가 글쓴이에게 밖에서 놀면 안 된다고 했으므로 18번의 답은 (D)이다.
Words and Phrases hurt 아프다 | fever 열 | have a cold 감기에 걸리다 | medicine 약, 약물

[19–20]

My name is Alice. My mom makes delicious cupcakes. She makes vanilla cupcakes, chocolate cupcakes, peanut cupcakes, cheese cupcakes, and banana cupcakes. They are all very tasty. I like chocolate cupcakes the most. My sister loves banana cupcakes. I get very excited when my mom bakes cupcakes.

19. What cupcakes does Alice's sister like the most?
(A) peanut cupcakes
(B) cheese cupcakes
(C) banana cupcakes
(D) chocolate cupcakes

20. Who makes the cupcakes?
(A) Alice
(B) her mom
(C) her sister
(D) everybody

해석 내 이름은 Alice이다. 우리 엄마는 맛있는 컵케이크를 만든다. 그녀는 바닐라 컵케이크, 초콜릿 케이크, 땅콩 컵케이크, 치즈 컵케이크, 바나나 컵케이크를 만든다. 그것들은 모두 다 맛이 있다. 나는 초콜릿 컵케이크를 가장 좋아한다. 내 여동생은 바나나 컵케이크를 매우 좋아한다. 나는 엄마가 컵케이크를 구울때면 매우 신난다.

19. Alice의 여동생이 가장 좋아하는 컵케이크는 무엇인가?
(A) 땅콩 컵케이크
(B) 치즈 컵케이크
(C) 바나나 컵케이크
(D) 초콜릿 컵케이크

20. 누가 컵케이크를 만드는가?
(A) Alice
(B) 그녀의 엄마
(C) 그녀의 여동생
(D) 모두

풀이 Alice의 여동생은 바나나 컵케이크를 제일 좋아한다고 했으므로 19번의 답은 (C)이다. (D)는 Alice가 가장 좋아하는 컵케이크이다. Alice의 엄마가 컵케이크를 만든다고 했으므로 20번의 답은 (B)이다.

Words and Phrases delicious 맛있는 | peanut 땅콩 | tasty 맛있는

TOSEL STARTER

심화 4회

SECTION I   LISTENING AND SPEAKING

Part A. Listen and Recognize (p.78)

1. G: The children are playing in the sand.
   (A)
해석   소녀: 아이들이 모래에서 놀고 있어.
풀이   모래사장에서 아이들이 모래성을 짓는 그림 (A)가 답이다.
Words and Phrases   children 아이들 | sand 모래

2. B: A bee is on the flower.
   (A)
해석   소년: 벌 한 마리가 꽃 위에 있어.
풀이   꽃 위에 벌 한 마리가 있는 그림 (A)가 답이다.
Words and Phrases   bee 벌 | on ~ 위에 | flower 꽃

3. G: It's windy and snowy.
   (C)
해석   소녀: 바람이 불고 눈이 와.
풀이   바람이 불고 눈이 오는 그림 (C)가 답이다.
Words and Phrases   windy 바람이 부는 | snowy 눈이 오는

4. B: Today is Wednesday, August 5th.
   (C)
해석   소년: 오늘은 8월 5일 수요일이야.
풀이   8월(August) 5일 수요일(Wednesday)이라 쓰여 있는 달력 그림 (C)가 답이다.
Words and Phrases   Wednesday 수요일 | August 8월

5. B: The boy is waiting at the bus stop.
   (B)
해석   소년: 소년은 버스 정류장에서 기다리고 있어.
풀이   소년이 버스 정류장에서 기다리고 있는 그림 (B)가 답이다.
Words and Phrases   wait 기다리다 | bus stop 버스 정류장

PART B. Listen and Respond (p.80)

6. G: What time do you have lunch?
   B: _____
   (A) In the kitchen.
   (B) At 12 o'clock.
   (C) From the library.
해석   소녀: 너는 몇 시에 점심을 먹어?
   소년: _____
   (A) 부엌에서
   (B) 12시에
   (C) 도서관으로부터
풀이   몇 시에 점심을 먹는지 묻는 말에 그 시간을 말하는 (B)가 답이다.
Words and Phrases   have lunch 점심을 먹다 | kitchen 부엌 |
      from ~로 부터 | library 도서관

7. B: I can't find my glasses.
   G: _____
   (A) Yes, they are new.
   (B) The window is open.
   (C) They're on the table.
해석   소년: 내 안경을 못 찾겠어.
   소녀: _____
   (A) 응, 그것들은 새것이야.
   (B) 창문이 열려있어.
   (C) 그것들은 탁자 위에 있어.
풀이   안경을 못 찾겠다는 말에 탁자 위에 있다고 안경이 있는 장소를 알려
   주는 (C)가 답이다.
Words and Phrases   find 찾다 | my 나의 | glasses 안경 | new 새로운 |
      window 창문 | open 열린 | table 탁자

8. G: What are you doing now?
   B: _____
   (A) I am studying.
   (B) It's six thirty at night.
   (C) Yes, one more please.
해석   소녀: 너는 지금 뭘 하고 있어?
   소년: _____
   (A) 공부하고 있어
   (B) 밤 6시 30분이야.
   (C) 응, 한 개 더 줘.
풀이   뭘 하고 있는지 묻는 말에 공부하고 있다고 지금 하는 행동을 말하는
   (A)가 답이다.
Words and Phrases   study 공부하다 | at night 밤에

9. B: Can I speak to Sam?

G: _____

(A) Sure, you can.

(B) Thank you so much.

(C) It's great to see you.

해석 소년: Sam이랑 통화할 수 있어?

소년: _____

(A) 물론, 그럴 수 있어.

(B) 정말 고마워.

(C) 만나서 반가워

풀이 Sam과 통화할 수 있는지 묻는 말에 그럴 수 있다고 답하는 (A)가 답이다.

Words and Phrases Can I speak to ~? ~와 통화할 수 있나요? | Sure 물론

10. G: Where is the bank?

B: _____

(A) It's mine.

(B) That's so pretty.

(C) It's near city hall.

해석 소년: 은행이 어디 있어?

소년: _____

(A) 그건 내 거야.

(B) 그거 정말 예쁘다.

(C) 시청 근처에 있어.

풀이 은행이 어디 있는지 묻는 말에 장소를 말하는 (C)가 답이다.

Words and Phrases bank 은행 | mine 나의 것 | near ~의 근처에 | city hall 시청

Part C. Listen and Retell (p.81)

11. B: What is that?

G: That's my new cat.

Q: What are they looking at?

(B)

해석 소년: 그거 뭐야?

소녀: 그건 내 새 고양이야.

질문: 그들은 무엇을 보고 있는가?

풀이 소녀의 말에서 고양이임을 알 수 있으므로 고양이 그림 (B)가 답이다.

Words and Phrases new 새로운 | cat 고양이 | look at ~을 보다

12. G: What day is it today?

B: It's Monday.

Q: What day is it today?

(A)

해석 소녀: 오늘 무슨 요일이야?

소년: 월요일이야.

질문: 오늘은 무슨 요일인가?

풀이 오늘은 월요일이라고 했으므로 월요일에 동그라미가 쳐져 있는 달력 그림 (A)가 답이다.

Words and Phrases What day is it? 무슨 요일이야? | Monday 월요일

13. B: Where are you going on Sunday?

G: I'm going to my grandparents' house.

Q: Where is the girl going on Sunday?

(C)

해석 소년: 너는 일요일에 어디에 가?

소녀: 조부모님 댁에 갈 거야.

질문: 소녀는 일요일에 어디에 가는가?

풀이 조부모님 댁에 간다고 했으므로 조부모님이 집 앞에 있는 그림 (C)가 답이다.

Words and Phrases grandparents 조부모님

14. G: Let's go see the zebra first!

B: That's a good idea!

Q: Where are the girl and the boy?

(B)

해석 소녀: 먼저 얼룩말을 보러 가자!

소년: 좋은 생각이야!

질문: 소녀와 소년은 어디에 있는가?

풀이 얼룩말을 보러 가자는 소녀의 말에서 둘이 동물원에 있음을 추측할 수 있다. 따라서 동물원 그림 (B)가 답이다.

Words and Phrases zebra 얼룩말 | first 우선, 먼저, 첫 번째로

15. B: I like green hats.

G: I like blue hats.

Q: What color hat does the girl like?

(A)

해석 소년: 난 초록색 모자가 좋아.

소녀: 난 파란색 모자가 좋아.

질문: 소녀는 어떤 색의 모자를 좋아하는가?

풀이 파란색 모자가 좋다고 했으므로 파란색 그림 (A)가 답이다.

Words and Phrases hat 모자

16. B: It's my dad's birthday today. My sister, Elly and I bake chocolate cake. My mom makes delicious food. We also write a birthday card for Dad. It's a fun day!

Q: Whose birthday is it?

(A) Mom

(B) Dad

(C) Elly

해석 소년: 오늘은 우리 아빠의 생신이다. Elly와 나는 초콜릿 케이크를 굽는다. 우리 엄마는 맛있는 음식을 만드신다. 우리는 또한 아빠를 위한 생일 카드를 쓴다. 즐거운 하루다!

질문: 누구의 생일인가?

(A) 엄마

(B) 아빠

(C) Elly

풀이 아빠의 생일이므로 (B)가 답이다.

Words and Phrases bake 굽다 | delicious 맛있는 | food 음식 | write 쓰다 | card 카드 | whose (의문문에서) 누구의

17. G: During this season, the green leaves turn yellow and red. It is very beautiful. On the windy days, the leaves fall down. The streets are also yellow and red.

Q: What season is the girl probably talking about?

(A) fall

(B) summer

(C) winter

해석 소녀: 이 계절 동안, 초록색 나뭇잎들이 노란색과 빨간색으로 변한다. 그것은 매우 아름답다. 바람이 부는 날에는, 나뭇잎들이 떨어진다. 거리들도 노랗고 빨갛다.

질문: 소녀는 아마도 어떤 계절에 대해 말하고 있는가?

(A) 가을

(B) 여름

(C) 겨울

풀이 나뭇잎에 단풍이 들고 나뭇잎이 바닥에 떨어지는 계절은 가을이므로 (A)가 답이다.

Words and Phrases during ~중에, ~동안 | season 계절, 시기 | leaf (나뭇)잎 | beautiful 아름다운 | windy 바람이 부는 | fall (down) 떨어지다 | street 거리 | also 역시, 또한 | fall 가을 | summer 여름 | winter 겨울

18. B: Every Friday is a 'Pizza Day'! We eat pizza at school for lunch. We have ham pizza, cheese pizza, and vegetable pizza. I love to eat cheese pizza. I can't wait till Friday!

Q: Which pizza does the boy like the best?

(A) ham pizza

(B) cheese pizza

(C) vegetable pizza

해석 소년: 매주 금요일은 피자의 날이다! 우리는 학교에서 점심으로 피자를 먹는다. 우리는 햄 피자, 치즈 피자, 그리고 야채 피자를 먹는다. 나는 치즈 피자 먹는 것을 좋아한다. 금요일이 빨리 왔으면 좋겠다!

질문: 소년은 어떤 피자를 가장 좋아하는가?

(A) 햄 피자

(B) 치즈 피자

(C) 야채 피자

풀이 치즈 피자 먹는 것을 좋아한다고 했으므로 (B)가 답이다.

Words and Phrases every 모든 | lunch 점심 | cheese 치즈 | vegetable 야채 | I can't wait ~가 몹시 기다려지다

19. G: My English teacher is from Canada. He speaks English very well. I love when he tells us stories about his hometown. Someday, I want to visit Canada.

Q: Where does the girl's English teacher come from?

(A) Canada

(B) England

(C) America

해석 소녀: 우리 영어 선생님은 캐나다에서 오셨다. 그는 영어를 매우 잘하신다. 나는 그가 우리에게 자기 고향에 관한 이야기를 들려주실 때가 매우 좋다. 언젠가, 나는 캐나다에 가보고 싶다.

질문: 소녀의 영어 선생님은 어디서 왔는가?

(A) 캐나다

(B) 영국

(C) 미국

풀이 캐나다에서 왔다고 했으므로 (A)가 답이다.

Words and Phrases teacher 선생님 | when ~할 때 | tell A B A에게 B를 말하다 | want to do something ~하고 싶다 | visit 방문하다 | come from ~에서 오다, ~ 출신이다

20. B: I get up at 7 o'clock every day. I eat breakfast at 7:30. I take the school bus at 8. I finish school at 3. I eat dinner at 6 o'clock. I go to bed at 10 o'clock every day.

Q: When does the boy get up in the morning?

(A) at 7 o'clock

(B) at 8 o'clock

(C) at 10 o'clock

해석 소년: 나는 매일 7시에 일어난다. 나는 7시 30분에 아침을 먹는다. 나는 8시에 통학버스를 탄다. 나는 3시에 학교를 마친다. 나는 6시에 저녁을 먹는다. 나는 매일 10시에 잠자리에 든다.

질문: 소년은 아침에 언제 일어나는가?

(A) 7시에

(B) 8시에

(C) 10시에

풀이 매일 7시에 일어난다고 했으므로 (A)가 답이다.

Words and Phrases get up 일어나다 | at (시간을 나타내어) ~에 | breakfast 아침 | take ~을 타다 | finish ~을 마치다 | every day 매일 | in the morning 아침에

SECTION II READING AND WRITING

Part A. Sentence Completion (p.85)

1. _____ are you going?

(A) To

(B) Who

(C) What

(D) Where

해석 너는 어디에 가고 있니?

(A) ~로

(B) 누구

(C) 무엇

(D) 어디

풀이 향하고 있는 장소를 묻는 표현이므로 (D)가 답이다.

2. _____ you like apples?

(A) Is

(B) Am

(C) Do

(D) Does

해석 너는 사과를 좋아하니?

    (A) be 동사(3인칭 단수형)

    (B) be 동사(1인칭)

    (C) do 동사(1인칭, 2인칭)

    (D) do 동사(3인칭 단수형)

풀이 주어가 'you'라는 2인칭이고, 일반동사의 의문문이므로 (C)가 답이다.

3. I can play the piano very _____.

    (A) well

    (B) best

    (C) good

    (D) better

해석 나는 피아노를 매우 잘 연주한다.

    (A) 잘, 능숙하게

    (B) good 최상급

    (C) (~에) 능한[훌륭한]

    (D) good 비교급

풀이 동사 'play'를 뒤에서 수식하는 부사를 써야하므로 (A)가 답이다.

4. Is _____ your book?

    (A) this

    (B) them

    (C) those

    (D) these

해석 이것은 네 책이니?

    (A) 이것

    (B) 그들

    (C) 그것들

    (D) 이것들

풀이 가리키는 대상이 'book'으로 단수이므로 단수형 지시대명사인 (A)가 답이다.

5. The book is ____ the bag.

    (A) at

    (B) to

    (C) in

    (D) next

해석 그 책은 가방 안에 있다.

    (A) ~에서

    (B) ~로

    (C) ~안에

    (D) ~옆에

풀이 가방안에 책이 있다는 표현이 자연스러우므로 (C)가 답이다. (D)의 경우, 옆에 있다는 표현은 'next to'를 사용하므로 오답이다.

Part B. Situational Writing (p.86)

6. The girl is eating _____.

    (A) apples

    (B) oranges

    (C) bananas

    (D) watermelon

해석 그 소녀는 수박을 먹고 있다.

    (A) 사과

    (B) 오렌지

    (C) 바나나

    (D) 수박

풀이 소녀가 수박을 들고 먹고 있으므로 (D)가 답이다.

Words and Phrases watermelon 수박

7. James is _____ a ball.

    (A) eating

    (B) running

    (C) kicking

    (D) swimming

해석 James는 공을 차고 있다.

    (A) 먹고 있는

    (B) 뛰고 있는

    (C) 차고 있는

    (D) 수영하고 있는

풀이 소년이 축구공을 차고 있으므로 (C)가 답이다.

Words and Phrases kick 차다

8. It is a _____.

    (A) circle

    (B) square

    (C) triangle

    (D) diamond

해석 그것은 삼각형이다.

    (A) 원

    (B) 정사각형

    (C) 삼각형

    (D) 다이아몬드

풀이 삼각형 모양의 그림이므로 (C)가 답이다.

Words and Phrases circle 원, 원형 | square 정사각형 | triangle 삼각형

9. Three _____ are in the sea.

    (A) fish

    (B) pigs

    (C) cows

    (D) water

해석 바다에 물고기 세 마리가 있다.
  (A) 물고기
  (B) 돼지
  (C) 소
  (D) 물
풀이 물고기 세 마리가 바다속에 있으므로 (A)가 답이다.

10. My mother is a/an _____.
  (A) artist
  (B) doctor
  (C) farmer
  (D) musician
해석 나의 엄마는 의사이다.
  (A) 미술가
  (B) 의사
  (C) 농부
  (D) 음악가
풀이 소녀의 엄마는 가운을 입고 있고 청진기를 가지고 있으므로 의사인 것
  을 알 수 있다. 따라서 (B)가 답이다.
Words and Phrases artist 미술가, 예술가 | farmer 농부 | musician 음악가

Part C. Reading and Retelling (p.88)

[11-12]

11. Where are they?
  (A) on a road
  (B) in a library
  (C) in a coffee shop
  (D) in a supermarket

12. How many people are standing up?
  (A) 2
  (B) 3
  (C) 4
  (D) 5

해석 11. 그들은 어디에 있는가?
  (A) 길 위
  (B) 도서관
  (C) 커피숍
  (D) 슈퍼마켓

  12. 몇 명의 사람들이 서 있는가?
  (A) 2
  (B) 3
  (C) 4
  (D) 5

풀이 사람들이 책을 보거나 고르고 있는 것을 보아 도서관임을 알 수 있다.
  따라서 11번의 답은 (B)이다.총 세명의 사람들이 서 있으므로 12번의
  답은 (B)이다.
Words and Phrases stand up 서 있다

[13-14]

13. In the house, what should Marie do?
  (A) wash the dishes
  (B) eat broccoli
  (C) play with pets
  (D) fight with her sister

14. In the house, what is the Rule 5?
  (A) watch TV
  (B) sing aloud
  (C) play tennis
  (D) do your homework

해석

Marie의 집안 규칙
1. 손을 씻어라.
2. 싸우지 마라.
3. 채소를 먹어라.
4. 자기 방을 청소해라.
5. 숙제를 해라.

13. 집에서, Marie는 무엇을 해야 하는가?
  (A) 설거지를 한다
  (B) 브로콜리를 먹는다
  (C) 애완동물과 놀아준다
  (D) 그녀의 여동생과 싸운다

14. 집에서, 5번 규칙은 무엇인가?

(A) TV를 시청한다

(B) 크게 노래부른다

(C) 테니스를 친다

(D) 숙제를 한다

풀이 3번 규칙에서 채소를 먹으라고 했으므로 13번의 답은 (B)이다. 소녀가 책상에서 숙제를 하고 있으므로 14번의 답은 (D)이다.

Words and Phrases fight 싸우다; 다투다; 싸움 | vegetable 채소 | wash the dishes 설거지를 하다 | broccoli 브로콜리 | do homework 숙제를 하다

[15–16]

15. What is the most popular animal?

(A) giraffes

(B) elephants

(C) zebras

(D) tigers

16. How many people like zebras?

(A) 2

(B) 5

(C) 8

(D) 10

해석

우리가 좋아하는 동물			
기린	코끼리	얼룩말	호랑이
5	8	2	10

15. 가장 인기있는 동물은 무엇인가?

(A) 기린

(B) 코끼리

(C) 얼룩말

(D) 호랑이

16. 몇 명의 사람들이 얼룩말을 좋아하는가?

(A) 2

(B) 5

(C) 8

(D) 10

풀이 호랑이의 선호도가 가장 높으므로 15번의 답은 (D)이다. 얼룩말을 좋아하는 사람은 2명이므로 16번의 답은 (A)이다.

Words and Phrases popular 인기 있는

[17–18]

It's rainy today. My brother and I can't go riding bikes in the park. But we can have fun in our house. We make many shapes of pancakes and put honey on them. We eat sweet and delicious pancakes with Mom and Dad.

17. How is the weather now?

(A) hot

(B) rainy

(C) sunny

(D) snowy

18. What are they doing in the house?

(A) riding bikes

(B) counting shapes

(C) making pancakes

(D) making snowmen

해석 오늘은 비가 온다. 나의 남동생과 나는 공원에 자전거를 타러 갈 수 없다. 하지만 우리는 집에서 재밌게 놀 수 있다. 우리는 다양한 모양의 팬케이크를 만들고 그 위에 꿀을 뿌린다. 우리는 달콤하고 맛있는 팬케이크를 엄마, 아빠와 같이 먹는다.

17. 지금 날씨는 어떤가?

(A) 더운

(B) 비가 오는

(C) 화창한

(D) 눈이 오는

18. 그들은 집에서 무엇을 하고 있는가?

(A) 자전거 타기

(B) 모양 세기

(C) 팬케이크 만들기

(D) 눈사람 만들기

풀이 오늘은 비가 온다고 했으므로 17번의 답은 (B)이다. 남동생과 같이 다양한 모양의 팬케이크를 만든다고 했으므로 18번의 답은 (C)이다.

Words and Phrases rainy 비가 많이 오는 | shape 모양 | count 세다

[19–20]

My name is Anne. My birthday is in May. In May, there are many colors of flowers in the garden. There are white, yellow, red, and purple flowers. I love May because it is very beautiful outside.

19. What month is Anne's birthday?

(A) March

(B) April

(C) May

(D) August

20. Which color flower is NOT in the garden?

(A) red

(B) yellow

(C) orange

(D) purple

해석 내 이름은 Anne이다. 내 생일은 5월이다. 5월이 되면, 정원에는 다양한
색의 꽃이 있다. 흰색, 노란색, 빨간색, 보라색 꽃들이 있다. 나는 밖이
매우 아름답기 때문에 5월을 제일 좋아한다.

19. Anne의 생일은 언제인가?
(A) 3월
(B) 4월
(C) 5월
(D) 8월

20. 어떤 색의 꽃이 정원에 없는가?
(A) 빨간색
(B) 노란색
(C) 주황색
(D) 보라색

풀이 Anne의 생일은 5월이라고 했으므로 19번의 답은 (C)이다. 정원에는 흰
색, 노란색, 빨간색, 보라색 꽃들이 있다고 했으므로 20번의 답은 (C)
이다.

Words and Phrases May 5월 | garden 정원 | April 4월 | March 3월 |
August 8월

TOSEL STARTER

심화 5회

SECTION I LISTENING AND SPEAKING

Part A. Listen and Recognize (p.100)

1. G: There are two cups on the table.

(B)

해석 소녀: 탁자 위에 컵 2개가 있어.

풀이 탁자 위에 컵 2개가 있는 그림 (B)가 답이다.

Words and Phrases there is/are ～가 있다 | cup 컵 | on ～ 위에 | table 탁자

2. B: Jane is playing tennis.

(A)

해석 소년: Jane은 테니스를 치고 있어.

풀이 소녀가 테니스를 치고 있는 그림 (A)가 답이다.

Words and Phrases play tennis 테니스를 치다

3. G: I have a purple bag.

(B)

해석 소녀: 나는 보라색 가방이 있어.

풀이 소녀가 보라색 가방을 메고 있는 그림 (B)가 답이다.

Words and Phrases purple 보라색 | bag 가방

4. B: The children are playing hide and seek.

(B)

해석 소년: 아이들이 숨바꼭질하고 있어.

풀이 아이들이 방 안에서 숨바꼭질하고 있는 그림 (B)가 답이다.

Words and Phrases children 아이들 | hide and seek 숨바꼭질

5. G: The egg has stripes.

(A)

해석 소녀: 달걀에 줄무늬가 있어.

풀이 줄무늬가 있는 달걀 그림 (A)가 답이다.

Words and Phrases egg 달걀 | stripe 줄무늬

Part B. Listen and Respond (p.102)

6. B: Where is Kate going?

G: _____

(A) She is in the museum.

(B) She is going with her sister.

(C) **She is going to the library.**

해석 소년: Kate는 어디 가고 있어?

소녀: _____

(A) 그녀는 박물관에 있어.

(B) 그녀는 자기 여동생과 같이 가고 있어.

(C) 그녀는 도서관에 가고 있어.

풀이 Kate가 어디 가고 있는지 묻는 말에 도서관에 가고 있다고 장소를 말하는 (C)가 답이다. (A)의 경우, 현재 Kate가 어디로 가고 있는지(going) 진행 상황을 묻는 말에 박물관에 있다(is)고 답하는 건 어색하므로 오답이다

Words and Phrases museum 박물관 | with ～와 함께, 같이 | library 도서관

7. G: I'm full.

B: _____

(A) Aren't you full?

(B) **Really? I'm not.**

(C) No, I don't need a diet.

해석 소녀: 난 배불러.

소년: _____

(A) 배부르지 않아?

(B) 정말? 난 아닌데.

(C) 아니, 난 다이어트 할 필요 없어.

풀이 배부르다는 말에 자기는 아니라고 답하는 (B)가 답이다. (A)의 경우, 배부르다고 하는 말에 배부르지 않냐고 되묻는 것은 어색하므로 오답이다.

Words and Phrases full 배부른, 가득 찬 | really 정말, 정말로 | need 필요하다 | diet 다이어트; 식습관

8. B: Look at those stars in the sky!

G: _____

(A) You look tired.

(B) They look like stars.

(C) **They're so beautiful.**

해석 소년: 하늘의 저 별들을 봐봐!

소녀: _____

(A) 너 피곤해 보여.

(B) 별처럼 생겼어.

(C) 정말 아름다워.

풀이 하늘에 있는 별들을 보라는 말에 별들이 아름답다고 감탄하는 (C)가 답이다.

Words and Phrases look at ~을 보다 | those (복수형) 그, 저 | star 별 | sky 하늘 | look (like) ~처럼 보이다 | tired 피곤한 | beautiful 아름다운

9. G: Did you study for the test?
　　B: _____
　　　(A) Who will take the test?
　　　(B) I didn't have time.
　　　(C) I'm sure it's on Tuesday.

해석 소녀: 시험공부 했어?
　　소년: _____
　　　(A) 누가 시험을 칠 거야?
　　　(B) 난 시간이 없었어.
　　　(C) 난 화요일일 거라고 확신해.

풀이 시험공부를 했는지 묻는 말에 시간이 없었다며 시험공부를 못 했다는 것을 알리는 (B)가 답이다.

Words and Phrases study for the test 시험공부 하다 | take a test 시험을 치다

10. B: What's that in your hand?
　　G: _____
　　　(A) No, I can't see.
　　　(B) Thanks for help.
　　　(C) This is my cat, Kitty.

해석 소년: 네 손에 있는 그거 뭐야?
　　소녀: _____
　　　(A) 아니, 난 안 보여.
　　　(B) 도와줘서 고마워.
　　　(C) 내 고양이 Kitty야.

풀이 손에 있는 것이 무엇인지 묻는 말에 고양이라며 정체를 말해주는 (C)가 답이다.

Words and Phrases hand 손 | Thanks for ~해서 고마워

Part C. Listen and Retell (p.103)

11. B: Do you want some candy?
　　G: No thanks. Can I have some chocolate?
　　Q: What does the girl want?
　　　(B)

해석 소년: 사탕 좀 먹을래?
　　소녀: 괜찮아. 초콜릿 좀 먹을 수 있을까?
　　질문: 소녀는 무엇을 원하는가?

풀이 초콜릿을 먹을 수 있는지 부탁했으므로 초콜릿 그림 (B)가 답이다.

Words and Phrases candy 사탕, 캔디 | No thanks (거절할 때) 괜찮아

12. G: Do you have the time?
　　B: It's a quarter past three.
　　Q: What time is it now?
　　　(B)

해석 소녀: 지금 몇 시인지 알아?
　　소년: 3시 15분이야.
　　질문: 지금은 몇 시인가?

풀이 3시 15분이므로 (B)가 답이다.

Words and Phrases Do you have the time? 지금 몇 시야? | quarter 15분; 4분의 1 | past ~을 지나서

13. B: What are you doing after school?
　　G: I'm going to the museum with my brother.
　　Q: What does the girl do after school?
　　　(C)

해석 소년: 너는 방과 후에 뭘 해?
　　소녀: 남동생이랑 같이 박물관에 갈 거야.
　　질문: 소녀는 방과 후에 무엇을 하는가?

풀이 남동생과 함께 박물관에 간다고 했으므로 공룡 뼈 모형이 있는 박물관 그림 (C)가 답이다.

Words and Phrases after school 방과 후에 | museum 박물관

14. G: How old is your little sister?
　　B: She is three years old.
　　Q: How old is the boy's sister?
　　　(B)

해석 소녀: 네 여동생은 몇 살이야?
　　소년: 그녀는 3살이야.
　　질문: 소년의 여동생은 몇 살인가?

풀이 3살이라 했으므로 케이크에 초가 3개 꽂혀 있는 그림 (B)가 답이다.

Words and Phrases how old 몇 살

15. B: What color do you like best?
　　G: I like orange and yellow.
　　Q: What color does the girl NOT like?
　　　(A)

해석 소년: 너는 어떤 색을 가장 좋아해?
　　소년: 난 주황색이랑 노란색이 좋아.
　　질문: 소녀가 좋아하지 않는 색깔은 무엇인가?

풀이 주황색과 노란색을 좋아한다고 했으며 파란색을 좋아한다고 언급하지 않았으므로 파란색 그림 (A)가 답이다.

Words and Phrases best 최고로, 가장

16. B: It's very beautiful outside. The leaves turn red and yellow. I love to play in the park when the colored leaves fall down. It's my favorite season of the year.
　　Q: What season is it?
　　　(A) spring
　　　(B) fall
　　　(C) winter

해석 소년: 바깥은 매우 아름답다. 나뭇잎들이 빨간색과 노란색으로 변한다. 나는 색이 물든 나뭇잎들이 떨어질 때 공원에서 노는 것을 좋아한다. 1년 중 내가 가장 좋아하는 계절이다.

질문: 어떤 계절인가?

(A) 봄

(B) 가을

(C) 겨울

풀이 단풍이 들고 나뭇잎들이 떨어지는 계절은 가을이므로 (B)가 답이다.

Words and Phrases beautiful 아름다운 | outside 밖에 | leaf (나뭇)잎 | colored 색깔이 있는 | fall (down) 떨어지다 | favorite (가장) 마음에 드는 | year 년

17. G: It's my birthday today. My friends are coming to the party. Janice, Lily, Sam, and Erica are invited. We are going to have a lot of fun at the party.

Q: How many friends are coming to the party?

(A) 3

(B) 4

(C) 5

해석 소녀: 오늘은 내 생일이다. 내 친구들이 파티에 올 것이다. Janice, Lily, Sam, 그리고 Erica가 초대됐다. 우리는 파티에서 아주 즐거운 시간을 보낼 것이다.

질문: 몇 명의 친구들이 파티에 오는가?

(A) 3

(B) 4

(C) 5

풀이 Janice, Lily, Sam, Erica 총 4명이 파티에 온다고 했으므로 (B)가 답이다.

Words and Phrases invite 초대하다 | a lot of 많은

18. B: Peter and I have a cooking class today. We learn how to make pizza. I put on many kinds of vegetables. Peter puts on lots of ham and cheese. I love my cooking class.

Q: What kind of pizza is Peter making?

(A) vegetable

(B) ham and cheese

(C) apples and cinnamon

해석 소년: Peter와 나는 오늘 요리 수업이 있다. 우리는 피자 만드는 법을 배운다. 나는 많은 종류의 야채들을 얹는다. Peter는 많은 햄과 치즈를 얹는다. 나는 요리 수업이 좋다.

질문: Peter는 어떤 종류의 피자를 만드는가?

(A) 야채

(B) 햄과 치즈

(C) 사과와 계피

풀이 Peter는 피자에 햄과 치즈를 얹는다고 했으므로 (B)가 답이다.

Words and Phrases cooking 요리 | learn 배우다 | how to ~하는 법 | put on ~을 얹다 | cinnamon 계피, 시나몬

19. G: My dad is a fashion designer. He designs really pretty clothes. Sometimes, he makes clothes for pets, too. He can even make T-shirts for dogs and cats.

Q: What does the girl's dad do?

(A) design clothes

(B) feed dogs and cats

(C) design buildings

해석 소녀: 우리 아빠는 패션 디자이너다. 그는 정말 예쁜 옷들을 디자인하신다. 때때로, 그는 애완동물을 위한 옷도 만드신다. 그는 심지어 개와 고양이를 위한 티셔츠를 만들기도 하신다.

질문: 소녀의 아빠는 무엇을 하는가?

(A) 옷 디자인하기

(B) 개와 고양이에게 먹이 주기

(C) 건물 설계하기

풀이 아빠가 패션 디자이너이며 옷을 디자인한다고 했으므로 (A)가 답이다.

Words and Phrases fashion 패션, (유행)스타일 | designer 디자이너, 설계자 | design 디자인하다, 설계하다 | pretty 예쁜 | clothes 옷 | sometimes 때때로, 가끔 | pet 애완동물 | too (끝에 위치하여) ~도 또한 | even 심지어

20. B: On the weekend, we all have things to do to help my parents. I clean the house. My sister does dishes. My brother takes out the garbage. I feel very good when I help.

Q: What does the boy's sister do?

(A) clean the house

(B) do dishes

(C) take out garbage

해석 소년: 주말에, 우리는 모두 부모님을 도와드리기 위해 해야 할 일이 있다. 나는 집을 청소한다. 내 여동생은 설거지한다. 내 남동생은 쓰레기를 치운다. 나는 내가 도움을 드릴 때 기분이 매우 좋다.

질문: 소년의 여동생은 무엇을 하는가?

(A) 집을 청소한다

(B) 설거지를 한다

(C) 쓰레기를 치운다

풀이 여동생은 설거지한다고 했으므로 (B)가 답이다.

Words and Phrases on the weekend 주말에 | all 모두 | help 돕다 | clean 청소하다 | do dishes 설거지하다 | take out the garbage 쓰레기를 치우다, 내놓다 | feel (~한 기분이) 들다

SECTION II READING AND WRITING

Part A. Sentence Completion (p.107)

1. _____ I see your book?

(A) Am

(B) Are

(C) Can

(D) Where

해석 내가 너의 책을 볼 수 있을까?
(A) be 동사(1인칭)
(B) be 동사(복수형)
(C) 조동사 can
(D) 의문사 where
풀이 조동사 의문문의 형태이므로 (C)가 답이다.

2. I _____ two eyes.
(A) has
(B) have
(C) having
(D) to have
해석 나는 두 개의 눈이 있다.
(A) 3인칭 단수
(B) 1, 2인칭 단수 / 1, 2, 3인칭 복수
(C) 현재분사
(D) to부정사
풀이 주어가 1인칭 단수이므로 (B)가 정답이다.

3. Let's look _____ the stars.
(A) at
(B) out
(C) with
(D) from
해석 별을 보자.
(A) ...으로[에게/을]
(B) 밖으로
(C) ...와 함께
(D) ...에서[부터]
풀이 하늘에 있는 별을 바라본다는 표현이 되기 위해서는 전치사 at이 적절하다. 그러므로 (A)가 정답이다.

4. This jacket is _____.
(A) I
(B) my
(C) me
(D) mine
해석 이 재킷은 내 것이다.
(A) 나
(B) 나의
(C) 나를
(D) 나의 것
풀이 보어자리에 쓰일 수 있으면서 의미가 적절한 (D)가 답이다.

5. Please stand _____.
(A) at
(B) to
(C) up
(D) for

해석 일어서 주세요.
(A) ~에서
(B) ~로
(C) ~위로
(D) ~를 위해
풀이 '일어서다'라는 표현은 'stand up'을 사용하므로 (C)가 답이다.
Words and Phrases stand up 일어서다

Part B. Situational Writing (p.108)

6. The woman is _____.
(A) eating
(B) crying
(C) running
(D) sleeping
해석 여자는 울고 있다.
(A) 먹고 있는
(B) 울고 있는
(C) 달리고 있는
(D) 자고 있는
풀이 여자는 책을 읽으며 눈물을 닦고 있으므로 (B)가 답이다.

7. The children are standing in _____.
(A) a line
(B) a circle
(C) a square
(D) together
해석 아이들은 한 줄로 서 있다.
(A) 한 줄
(B) 원
(C) 정사각형
(D) 같이
풀이 아이들이 선생님 앞에서 한 줄로 서 있으므로 (A)가 답이다.
Words and Phrases line 줄 | circle 원 | square 정사각형

8. The girl has a very _____ pencil.
(A) pink
(B) long
(C) short
(D) green
해석 그 소녀는 매우 긴 연필을 가지고 있다.
(A) 분홍색
(B) 긴
(C) 짧은
(D) 초록색
풀이 소녀는 소녀의 키만 한 연필을 가지고 있으므로 (B)가 답이다.

9. The boy is holding _____ balloons.

(A) a

(B) an

(C) very

(D) many

해석 그 소년은 많은 풍선을 들고 있다.

(A) 하나

(B) 하나

(C) 매우

(D) 많은

풀이 소년은 풍선을 여러 개 들고 있으므로 (D)가 답이다.

Words and Phrases hold 들고있다, 잡고있다 | balloon 풍선

10. The dog is _____ the box.

(A) to

(B) in

(C) on

(D) from

해석 그 강아지는 박스 안에 있다.

(A) ~로

(B) ~안에

(C) ~위에

(D) ~로부터

풀이 강아지가 상자 안에 담겨 있으므로 (B)가 답이다.

Part C. Reading and Retelling (p.110)

[11–12]

11. What is this room?

(A) library

(B) kitchen

(C) bedroom

(D) bathroom

12. What is NOT in the room?

(A) a chair

(B) a mirror

(C) a window

(D) a television

해석 11. 이 방은 무엇인가?

(A) 도서관

(B) 부엌

(C) 침실

(D) 화장실

12. 방 안에 없는 것은 무엇인가?

(A) 의자

(B) 거울

(C) 창문

(D) 텔레비전

풀이 침대와 서랍장. 장롱. 화장대가 있는 것으로 보아 침실임을 알 수 있다. 따라서 11번의 답은 (C)이다. 방안에 텔레비전은 없으므로 12번의 답은 (D)이다.

Words and Phrases kitchen 부엌 | bedroom 침실 | bathroom 화장실 | mirror 거울

[13–14]

Jack is celebrating his 11th birthday!

Come and celebrate together.

Time: Friday, February 18th 6PM

Place: Hopkin's Burger Shop

Food and Snacks: chicken, hamburgers, french fries, popcorn, chocolate cookies

HAPPY BIRTHDAY JACK

Happy BIRTHDAY

13. How old is Jack?

(A) eleven

(B) thirteen

(C) fifteen

(D) twenty

14. What can the kids eat at the party?

(A) hamburgers

(B) orange juice

(C) potato salad

(D) vanilla ice cream

해석

생일파티

Jack이 11번째 생일을 맞이합니다!

오셔서 같이 축하해주세요.

시간: 금요일, 2월 18일 오후 6시

장소: Hopkin의 버거 가게

음식과 간식: 치킨, 햄버거, 감자튀김, 팝콘, 초콜릿 쿠키

13. Jack은 몇 살인가?

(A) 11살

(B) 13살

(C) 15살

(D) 20살

14. 아이들은 파티에서 무엇을 먹을 수 있는가?

(A) 햄버거

(B) 오렌지 주스

(C) 감자 샐러드

(D) 바닐라 아이스크림

풀이 11번째 생일을 맞이한 걸로 보아 11살임을 알 수 있으므로 13번의 답은 (A)이다. 아이들은 파티에서 치킨, 햄버거, 감자튀김, 팝콘, 초콜릿 쿠키를 먹을 수 있다고 했으므로 14번의 답은 (A)이다.

Words and Phrases celebrate 축하하다 | french fries 감자튀김

[15–16]

15. What is the most popular sport?

(A) tennis

(B) soccer

(C) baseball

(D) badminton

16. What is the least popular sport?

(A) tennis

(B) soccer

(C) baseball

(D) badminton

해석

좋아하는 스포츠				
테니스	배드민턴	농구	야구	축구
4	10	7	8	2

15. 가장 인기있는 운동종목은 무엇인가?

(A) 테니스

(B) 축구

(C) 야구

(D) 배드민턴

16. 가장 인기가 없는 운동종목은 무엇인가?

(A) 테니스

(B) 축구

(C) 야구

(D) 배드민턴

풀이 배트민턴을 가장 많은 사람들이 좋아하므로 15번의 답은 (D)이다. 축구를 가장 적은 사람들이 좋아하므로 16번의 답은 (B)이다.

Words and Phrases favorite 매우 좋아하는 | popular 인기 있는

[17–18]

I get up at 7:30 every morning. I usually eat bread, strawberry jam, apples, eggs, and milk. I wash my face and get dressed. I go to school at eight o'clock. I take the bus to school. I have three classes in the morning. I have lunch at 12:10. In the afternoon, I have two more classes. I come home at 3 o'clock.

17. When does the writer come home?

(A) 7:30

(B) 8:00

(C) 12:00

(D) 3:00

18. What does the writer NOT have in the morning?

(A) juice

(B) bread

(C) apples

(D) strawberry jam

해석 나는 매일 아침 7시 반에 일어난다. 나는 보통 빵과, 딸기잼, 사과, 달걀, 그리고 우유를 먹는다. 나는 세수를 하고 옷을 입는다. 나는 8시에 학교에 간다. 나는 버스를 타고 학교에 간다. 나는 아침에 세 개의 수업이 있다. 나는 12시 10분에 점심을 먹는다. 오후에 나는 수업이 두 개 더 있다. 나는 3시에 집에 온다.

17. 글쓴이의 학교는 언제 끝나는가?

(A) 7:30

(B) 8:00

(C) 12:00

(D) 3:00

18. 글쓴이가 아침에 먹지 않는 것은 무엇인가?

(A) 주스

(B) 빵

(C) 사과

(D) 딸기잼

풀이 수업이 끝나고 3시에 집에 온다고 했으므로 17번의 답은 (D)이다. 글쓴이는 아침에 빵, 딸기잼, 사과, 달걀, 그리고 우유를 먹는다고 했으므로 18번의 답은 (A)이다.

Words and Phrases usually 대개, 보통 | finish 끝나다 | have 먹다, 마시다; 가지고 있다

Elephants are very big animals. They have long noses. They use their long noses like hands. Elephants drink lots of water. They drink water 18 to 20 hours a day. They are very smart. They learn new tricks easily. They are usually 7 to 10 elephants in one family. They live in Asia and Africa.

19. How many elephants are in an elephant family?

(A) **7 to 10**

(B) 10 to 18

(C) 18 to 20

(D) more than 20

20. Where do elephants live?

(A) **Africa**

(B) Europe

(C) America

(D) Australia

해석 코끼리는 매우 큰 동물이다. 그들은 긴 코를 가지고 있다. 그들은 그들의 긴 코를 손처럼 사용한다. 코끼리는 많은 양의 물을 마신다. 그들은 하루에 18~20시간 물을 마신다. 그들은 매우 똑똑하다. 그들은 새로운 요령을 쉽게 배운다. 한 무리 안에는 보통 7마리에서 10마리가 있다. 그들은 아시아와 아프리카에 산다.

19. 한 코끼리 무리안에는 몇 마리의 코끼리가 있는가?

(A) **7~10마리**

(B) 10~18마리

(C) 18~20마리

(D) 20마리 이상

20. 코끼리는 어디서 사는가?

(A) **아프리카**

(B) 유럽

(C) 아메리카

(D) 호주

풀이 한 무리 안에는 보통 7마리에서 10마리가 있다고 했으므로 19번의 답은 (A)이다. 코끼리는 아시아와 아프리카에 산다고 했으므로 20번의 답은 (A)이다.

Words and Phrases smart 똑똑한, 영리한 | trick 요령

memo

국제토셀위원회

TOSEL
심화문제집

STARTER